W0236525

# HAROLD BRODKEY

# VENEDIG

Zusammengestellt, übersetzt und mit
einem Nachwort versehen
von Angela Praesent

mit Fotos von Giuseppe Bruno

ROWOHLT

1. Auflage März 1997
Copyright © 1997 by Rowohlt Verlag GmbH,
Reinbek bei Hamburg
*On the Waves* Copyright © 1965 by Harold Brodkey
*Profane Friendship* Copyright © 1994 by Harold Brodkey
*This Wild Darkness* Copyright © 1996
by the Estate of Harold Brodkey
*Notes* und *Notes On Venice* Copyright © 1997
by the Estate of Harold Brodkey
Alle deutschen Rechte vorbehalten
Redaktion Thomas Überhoff
Die Übersetzung von «Auf den Wellen»
stammt von Dirk van Gunsteren
Printed in Germany
ISBN 3 498 00589 8

# INHALT

# ANNÄHERUNGEN

Die Route des Flugzeugs von Rom nach Venedig – ein langgezogener, gekippter Bogen und dann ein Pfeil nordwärts mit einem kleinen Kringel am Ende – führte von einer Seite der Halbinsel zur anderen, vom Tyrrhenischen Meer zur Adria und den halben Schaft des italienischen Stiefels hinauf, an Ravenna und Ferrara vorüber zum Fuß der Alpen.

An einem Punkt schwebte das Flugzeug, als es schrägliegend in klarer Luft über der Adria den Kurs änderte, über dem gekräuselten, rastlosen Spiegel des Meeres, von dem eine lichtüberflutete Partie als tanzendes, abstraktes, blaßgoldenes Mosaik dalag, unvorstellbar tief unten.

Alles war darin enthalten, antike Vorzeiten, das gotische Moment und das *Rinascimento*, die ganze historische Vergangenheit – die steinernen Monumente und all die Tode raunten hier rasch im räuberischen Flugzeugschatten auf, gerafft und furchterregend tief – ein fliegender Augenblick hier, ein paar Sekunden da. Der Flug dauerte eine Stunde, dreiundsechzig Minuten genau. Er repräsentierte Adler und Götter in einer neuen italienischen Bedeutung, *dei ex machinis* und zu Dämonen gewordene Engel, aus dem verwirklichten Gottesstaat geschleudert, der trüben Hybris von Luftreisenden anverwandelt, die sich in den Urlaub oder auf Geschäftstouren begaben. Oder zurück in ihre Kindheit.

Mein Italien heute ist ein Wust von Flugzeiten, Vororten, sich überlagernden Kulturen, ein der Wohlstandshysterie verfallenes Land, modern, doch voll der Hoffnung, die Moderne werde sich als Spielzeug erweisen.

Doch die Moderne verzeiht nichts, mag sie nun unverzeihlich sein oder nicht.

Als das Flugzeug landete, schien einen Moment lang das altmodische Ticken der Vor-Quarz-Uhren, wenn nicht gar die mittelalterliche Zeit, beseelt von animalischem Krach und Kirchenglocken, wiederhergestellt zu sein und noch immer über Fußschritte, Reisende und mein Leben zu gebieten. Wir waren zurückgekehrt in die andere Geschichte, die andere Geschichte existierte noch – oder würde jeden Moment wieder einsetzen. Doch sogar auf der Erde, auf festem Boden, war die Zeit, wie ich bald begriff, die moderne.

Nein. Ich befand mich nicht auf festem Boden.

Auf dem Motorboot, das ich mietete, um mich nach Venedig bringen zu lassen, wo ich einen Großteil meiner Kindheit verbracht und dann als Heranwachsender erneut gelebt hatte, drehte der untersetzte Fährmann, der Wasserchauffeur – gekleidet wie Humphrey Bogart in *African Queen* –, den Motor auf, zog das Gas hoch, als wir uns dem Ausgang der Flughafenbucht näherten; der Bug hob sich, und wir wummten und bretterten dröhnend über das graue Wasser der Lagune. Wir hielten uns in der von neuen Pfosten markierten Fahrrinne; und überall am Ufer dieses Teils der Lagune waren im grauen Licht verschwommen Wohnblocks, Fabriken, Schornsteine, Brücken und der chemische Dunst über der *terra ferma* zu sehen. Ein regnerischer, bewölkter Nachmittag mit reglosem Leichentuchlicht, von Regen wie beschwert.

Also hatte auch hier die Geschichte eine neue Ordnung angenommen, so gern ich mich hätte behaglich von der alten umfangen lassen.

Die Reglosigkeit des grauen Lichts, sein fast vollkommenes Stillstehen, ist eine Illusion. Man weiß, daß das Licht nicht stillsteht, weit weniger unbewegt ist als das Boot oder das Flugzeug, unsichtbarer bewegt als der Verstand, der grübelnd *tickt* oder tuckert und dahingleitet und schlank losprescht und sich selbstgefällig einbildet, das Gedankenlicht wäre geschwinder und stetiger als das Licht selbst.

Um ehrlich zu sein, die Augen, die nicht mehr so jung sind, wie sie damals waren, sehen das von Regentropfen durchkämmte Licht als Schleier zuckender, grauleuchtender Zeichen, während den Körper das mechanisch stetige Schlagzeug des Bootsmotors schüttelt und man die nicht ganz erstickten Motorgeräusche anderer, nicht weit von uns auf diesen Wasserstraßen fahrender Boote hört.

Und das Flimmern der Lider, die über die Retina und durch den Kopf huschenden Bilder, sie fügen sich dem Gewebe von Unruhe ein, in dem man sich Venedig nähert, der changierenden, feuchten, kitzelnden Simultaneität gedämpfter, drängelnder Rhythmen und Gefühle

… Hier sind das Ich und der schwankende Moment; hier ist die bebende, nervöse, scheinbar fast unbewegte Wasseroberfläche; hier das Aufwallen von Bug- und Heckwelle; hier sind sie in den matt hallenden Kanälen von Murano; dann ist hier wieder die Lagune, Venedig vor einem verhüllt; hier ist zur Linken San Michele und tut so, als wären die Toten stumm und nicht ohne Zahl; hier die ruckhaft vordrängende Fahrt des weißen Motorboots über flüssiges Grau, die regendurchwirkten helleren Grautöne der Luft, leuchtend, als bärgen sie einen verwesenden Mond, und ich, umflirrt von Erinnerungen, denen ich widerstehe, an die Kanäle von Venedig selbst, an das knittrige Wasser des Rio hinter unserem Haus, an das heimliche Tuscheln und Flüstern dort, an das unbeschreibliche Strömen der Zeit an einem venezianischen Nachmittag, als ich hier ein Kind war. Hier ist meine Geschichte der Liebe. Ich blicke zurück auf die Ewigkeit, die nun als Wirklichkeit aufwallt, als eine Wirklichkeit, die typisch venezianisch und die meine ist, an der nichts ewig ist, meine venezianische Wirklichkeit an einem Punkt der Moderne.

Auf einer Idee von Zeit und von meinem Leben segelt mein Bewußtsein so ungestüm dahin – von Zeit, die von meinem *richtungweisenden Vater* ausgeht, mein Leben umfaßt und sich in Richtung meines Todes bewegt.

Der Tag hellt sich infinitesimal auf, und da ist die Sacca della Misericordia, in der das Motorboot sogleich an Fahrt verliert und den Bug senkt. Zur Linken stehen, in einiger Höhe, auf dem Dach des zart stützenden Gewebes von Santa Maria Valverde, Statuen in der Luft, steinerne Versionen von Engeln, die wundervoll absurd und zum Glauben verlockend in der graublauen Luft schweben – blau, weil es nun etwas heller wird, nur wenig, aber doch eine Spur. In der feuchten Luft, in der Pause zwischen Regenfällen, ragen auf beiden Seiten Gebäude mit rosa und rosenholzfarbenen Mauern auf und mit Terrassen, die überraschende, begrenzte und doch grandiose Perspektiven bilden: stolzes Venedig. Als ich heranwuchs, erwachte ich jeden Morgen in Sinnlichkeit, fast immer – Erfahrungen des In-die-Welt-Stürzens. Im engen Rio di San Felice, abgeschirmt gegen den Wind wie gegen das Licht, tuckert das Boot durch Schatten. Am Ende des langen, düsteren, dachlosen Tunnels dieses Rio liegt, halb-grell beleuchtet, horizontal und doch wie gekippt, eine Platte gewellten Wassers im Canal Grande, in den wir nach zwei, drei Takten des Herzschlags gelangen. Uns wird, bedeutet das, der weitere Ausblick zuteil.

Und das Motorboot schlenkert und stampft in der strahlenden, harten Kabbelung des Canalazzo, in der sich auf einmal breit entfaltenden Wirklichkeit grau beleuchteten Wassers und krängender Palazzi. Wirklich, sie ist wie ein geraffter Gedanke, diese Szenerie, noch nicht ganz Wort geworden, unvollständig sichtbar, gierend nach Wirklichkeit, nach ihrer Erfassung, erfüllt vom Drang, sich zur Schau zu stellen, und schön.

Der Bootsmann setzt mich bei Sant'Ortellia ab. Der Träger, von dem Palazzo geschickt, in dem ich wohnen werde, wartet mit einer zweirädrigen Karre, die er mit

meinem Koffer, meiner Aktentasche und meinem Note-
book-Computer belädt. Ich gehe ihm rasch voran.

Nun trete ich in das karge Zwielicht der Calle, gerate
sogleich in den Schatten einiger Erinnerungsfragmente
und dann, nach vielleicht hundert Metern, an einen
schmalen Kanal, den Rio Piotin, zu seicht für Motor-
boote und mit Garben nicht allzu grellen, leicht gilben-
den Lichts, die man hier und da zwischen Mauern sieht.
Auf der schweren, wogenden Seide der unsauberen
Wasserfläche dümpeln Seevögel, weiß, großschnäbelig,
schwarzköpfig: lebendige Gondeln. Lichtperlenketten
hüpfen in Wassernähe auf den feuchten Mauern der Palazzi. Ein Ozean wurde hier zu grünlichen Spiegeln verdichtet, inmitten so weich und karg beleuchteter
Mauern. In dieser Stadt erhielt mein Leben seine Richtung.

Im kalten Schatten, in dem ich stehe, grinse ich innerlich und bin schon über die buckelnde steinerne Welle
einer kleinen *ponte storto* hinweg zum Campo Marinenti
gegangen. Ich gebe dem Platz einen erfundenen Namen.
Der alte, vielfenstrige Palazzo mit der doppelten Loggia,
elegant geneigt, gewitzt restauriert und von so nobel
hochmütiger Leichtigkeit, trägt die venezianische Prä-
gung, ist Ausdruck des venezianischen Motivs weltlicher Gnade. Es stehen zwei vom Wind zerzauste
Bäume und ein Renaissance-Brunnen davor; Teile der
Fassade und die Mitte des Campo streift eine Schneise
klaren Lichts.

Ich staune die lichte Fassade des Palazzo an. Ich bewege mich auf das Licht zu, und mein Herz verlagert sein Gewicht, als ich eintrete, in das klare Licht hinein – ich fühle mich in Venedig heimisch im amoralischen Pathos des Lichts.

*(Profane Freundschaft)*

WENN MAN oft hierherkommt, trifft man früher oder später in einem dunstigen Moment ein, mit Dunst auf dem Wasser, verschleiertem Himmel – soweit man den Himmel ausmachen kann ... Himmel über Meer ... und beide Bereiche sanft verschmelzend ... In rhythmischer Fahrt über den Damm, im Zug oder Auto, wird man zu dem Punkt hingetragen, von dem an inmitten des Dunstes auf dem Meer Gebäude sichtbar werden, ein paar Kuppeln, hier und da ein Campanile, ein großes, dort draußen vor Anker liegendes Schiff, Dächer – eine partiell verhüllte *Stadt* inmitten der treibenden Dunstbahnen ...

Die dann vielleicht aufreißen, um hier und da lange adriatische Lichtspeere erscheinen zu lassen, oder ausgedehnte, feuchte Schwaden hellerer, klarerer Luft, malerisch und ahnen lassend, welch eine große Stadt da in der partiell erleuchteten Wasserwelt der Lagune schwebt.

Nach einer Phase des Übergangs, während derer man inmitten von Menschenmassen den Bahnhof verläßt oder den Wagen parkt, werden einem das Fehlen von rollendem Verkehr und die schwappenden Wassergeräusche bewußt, das Schmatzen und Schlabbern des Wasser-Hundes, der Göttin-Amme, des mächtigen, schnüffeln-den Vergewaltigers und Umarmers Neptun, der Seele des Meeres.

Und Erinnerungen an das Gefühl von enormem Reichtum kehren wieder, ein Gefühl aus früher Kindheit, in einem Garten, wo einem ein Hund und der Vater Gesellschaft leisteten, bei Wasserlicht.

Venedig ist keine Stadt, zu der man Kindsein assoziiert.

Verstand und Wildheit und Vergnügungen in einer *Stadt* – vom Wasser hervorgebracht wie in einem Traum oder in einer Geschichte – unter den gigantischen Wolken, die sich über der Adria bilden, in einer Gegend, die immer ein wilderer Ausläufer Europas war ...

*(Unveröffentlichte Notiz)*


ICH KEHRTE zurück zu meinem alten Lebensgefühl, zu dem Ort, dem die meisten Schauplätze und Details meiner Träume entliehen waren.

Das ferne, jenseits des Wassers liegende Venedig nä-herte sich, als der Zug auf ausgefahrenen Schienen über den Damm ratterte. Der Zug, der Damm, alles war repa-raturbedürftig. Wir rechneten nicht damit, daß irgend etwas funktionierte. Es war Anfang Oktober, mitten im Schultertial, mitten am Tag. Aber die Zeit kennt keine geometrischen Mitten. Der Moment der Ankunft ist un-besonnt – Dunst und schwüle Luft, eine zaudernde, schwankende Restsommerwärme, klamme Kühle hier und da, vertraute, schäbig wirkende Gebäude, das schwappende schmutzige Wasser in den schmaleren Kanälen.

Venedig lag in Dunst, in Nebel da. Durch die Dunstschwaden bewegten sich Erscheinungen, die Geräusche von Schritten hingen geisterhaft in der Luft. Der venezianische Dialekt flog mir wieder zu, fast wie den Gebäuden entströmend, ein Echo, oder wie aufgeschnappte Stimmen, die Rufe von Gondolieri an einer Kanalbiegung, rasches Geschnatter, dann meine Stimme.

Und sie, die Bauten, begannen wieder, Stein um Stein, zu meiner alten und neuen Umgebung zu werden, nachdem sie in verzerrter Gestalt so lange in der Erinnerung geweilt hatten. Die Erinnerung tat einen Sprung und kleidete sich neu ein, so daß ich während grauer, nebliger Tage Santa Maria della Salute und den Palazzo Labia, die Libreria und den Campanile von Santa Maria Formosa in ihren sanft verhüllten gegenwärtigen Gestalten so genau kannte, als hätte ich sie ununterbrochen klar bei Sonnenschein gesehen.

Verhüllt tauchte das Venedig der Nachkriegszeit steilen Bugs aus den Silberschleiern auf, beladen mit Schätzen des Gefühls und der Schönheit, ein Ozeanriese im Traum und doch wirklich, wirklich mein Zuhause. Für einen Moment oder zwei scheinen nach dem Krieg alle älter und weiser geworden zu sein, selbst ich, doch jeder anscheinend auf seine Weise; es herrscht eine Anarchie der Weisheiten und weißen Flecken. In gewisser Hinsicht war niemand klar unterrichtet worden vom Krieg, diesem Alptraum von Lehrer ...

In Venedig lebten Töchter, uralte Väter pflegend, für die es im Moment an sonstigen stützenden Institutionen fehlte, die Männer der Stadt, oft wie krampfgelähmt, heimgekehrte Ex-Partisanen, näherten sich politisch der Rechten an, die faschistischen Bürokraten, die heimgekehrten Seeleute und Soldaten bildeten eine geschlagene Mehrheit – was heißt da Nächstenliebe? *Die Nation muß auf die Beine kommen,* stand in den Zeitungen, aber im Dialekt scherzte man, die Nation habe nur ein Bein. Italien, von der Form eines Stiefels, besitzt ein einziges Bein – eine amputierte Nation. Wie ein kriegsbeschädigter Grashüpfer hoppelte die Nation dahin.

Ohne große Kraft bewegten sich die Leute im kargen, verhangenen Licht durch die Stadt, in der silbrig strömenden Luft, im Nebel, den der Rauch zahlloser Kohleöfen beizte. Um Mittag färbte gelbe Beize mit bräunlich schillernden Brandmaserungen den Nebel über dem glitzernden, schwappenden Canalazzo. Wolkige Gestalten, hoch wie der Glockenturm, wehten und waberten über die Piazza. Im Karnevalsspuk der Kriegsnachwehen ging es endlich nicht mehr um Frieden und Hoffnung, sondern um das Begreifen des Entsetzlichen, um das Leben, das dennoch weiterging, erschüttert und abgelenkt von dem, was geschehen war. Oder auch leer. Wo die Menschen bescheiden und ungeordnet abgedankt hatten, blieben Tage zurück, an denen vornehmlich die zeitliche Realität ihre Paraden abhielt, und dies erzeugte

einen gewissen Realismus und, wie gesagt, Bescheiden-
heit. *(PF)*


ZWEI DINGE weiß ich über Venedig. Nirgendwo in
der Stadt sticht ein menschlicher Anspruch auf göttliche
Rechte und Allwissenheit ins Auge. Der Wirrwarr von
Sackgassen, sich plötzlich auftuenden schmalen, dann
weiten Freiräumen und gebogenen oder halsverdrehen-
den, mehr oder minder breiten, äußersten Himmels-und-
Lagunen-Panoramen kündet nicht vom Walten eines
einzigen Herrscherauges. Und das zufällige Aufstreben
der Fußwege zum hohen Spann schmaler Brücken über
die raunenden Kanäle, von Brücken, die einem die Vor-
aussicht rauben, bis man ihre Stufen bis nahe zum
Kamm erklommen hat, die Scharen Unbekannter um
einen her, alle zu Fuß – nichts davon gemahnt an er-
lauchte Eingebung. Nichts in Venedig repräsentiert ra-
chitisch einen königlich zentralen Willen und die fromme
Selbsthypnose eines einzigen Menschen, der erblich-leib-
haftig den gesamten Ort einschließlich anderer Menschen verkörpert, die den Ort (und ihren Platz darin) mit
ähnlicher, wenn auch minderer und minder frommer
Selbsthypnose lieben.

Nein. Hier mischt sich spontane kommerzielle Schläue
mit Träumen und unglaublicher Tiefe, erworben in Jahrhunderten des professionellen Schacherns mit Träumen.
Dies ist das andere, was ich über Venedig weiß.

*(PF)*

NOCH ETWAS Drittes will ich Ihnen über Venedig verraten: es ist keine Stadt, in der Schwarz viel bedeutet. Sogar die Flecken sind hier selten schwarz. Und selten die Nächte. Schwarz spielt in der venezianischen Malerei kaum eine Rolle. Schwarze Kleidung ist holländisch und französisch, spanisch und englisch, nicht aber venezianisch. Schwarz leuchtet hier, verschleierte Farbe in flachem Schlaf.

*(PF)*

DIE INQUISITION hat in Venedig niemals Fuß gefaßt. Es war eine schamlose Stadt der Kurtisanen und der Gier, mit der nacktbrüstigen Kleopatra als Zeichen an der Wand.

*(frühere Fassung)*

GERADE HABE ich etwas entdeckt. Wenn du jemand bist, der danach fragt, ob etwas moralisch richtig ist, wenn du all dein mögliches Handeln – oder das mögliche Handeln von jemand anderem – daraufhin prüfst, welchen gegenwärtigen und künftigen Wert es haben könnte, wenn du nachforschst und dir immer wieder Fragen stellst, wenn du praktisch denkst und dazulernst, dann bist du geistig nur einen Schritt weit von einem Handelsmann in einer christlichen Handelsrepublik entfernt, von jemandem, der mit Dingen von Wert und mit Kriegen Handel treibt. Ein rastloses Gewissen liefert die Grundausbildung für allen Handel in der realen Welt.

Findest du nicht auch, daß dies eines der Geheimnisse des christlichen Venedig und der anderen Handelsrepubliken ist? Daß ein gewisser kaufmännischer Opportunismus aus Gewissensprüfungen entsteht? Erst solch ernsthafte Bürger, Fischer, dann Hamlet-Gestalten, dann Handelsfürsten und große Vermögen.

*(frühere Fassung)*

WÄRE ICH ein *Herr dottore*, stellte ich vielleicht die These auf, es sei neural unmöglich, die Aktualität, das Zeitkontinuum, in dem wir leben, zu durchdenken. Mit Hilfe von Skizzen und Überlegungen auf Papier können wir vielleicht flüchtige Einblicke erhaschen und im Zickzack von Guckloch zu Guckloch rennen oder springen. Die wahre Geschichte aber geht uns auf den Irrwegen der Erinnerung verloren, die an der harten Wirklichkeit des Zeitkontinuums unweigerlich abprallen, bersten und verwehen muß wie Gischt und Wassertropfen.

Man kann nur eintauchen in die verlorenen Kanäle eines früheren Moments, meine ich, nicht in ihnen schwimmen, nicht kontinuierlich. Vielleicht ist es geistig unmöglich zu akzeptieren, daß die ZEIT *wirklich* ein Kontinuum ist, ungebrochen und von unwiderstehlicher Majestät. Vielleicht braucht man Symbole, deren Bewegungen sich ändern, bestreiten und leugnen lassen. Gott kann man leugnen. Die Zeit aber, ach, die Zeit ist unbeugsam, und an den physikalischen Dimensionen eines Moments vermag man physisch nichts zu ändern.

Venedig liegt inmitten der Wellen und Winde und des stillen Stroms der Zeit.

(PF)

VENEDIG IST ein Land für sich. Es kann nicht richtig Teil sein, nicht von Italien, von nichts. Es schwimmt, verankert in seinem eigenen Wollen, inmitten seiner Kuppeln und Campanile, im Herzen unabhängig und exotisch, eine Ansammlung von Bauten zwischen Wasserwegen, Monumente unabhängigen Willens, eine Stadt von unabhängigem Willen.

In Venedig, hier an der Vaporetto-Station bei Sant' Ortellia, von wo man die Palazzo-Fassaden unregelmäßig die fließende, ins Wasser gekerbte Kurve des Canalazzo mitvollziehen sieht, wirkt in der feuchten Luft die Zeit wie illuminiert, nähert ein neuer Moment sich so unvermittelt und unverkennbar real als noch ein weiterer Moment meines Lebens … Diese Bewegung illustriert der schwache, fahle Gelbton, der im Osten auftaucht, sich in langen Strahlen leichthin auf Fassaden und kleine Wellen legt und sich von Moment zu Moment merklich wandelt. Die Zeit hier unterscheidet sich von der des Festlands, von der Zeit der Städte und ländlichen Gegenden dort. Die Zuneigung ist nicht an den scheidenden Moment gebunden, und ihr Band wird vielleicht nicht neu geknüpft, es sei denn, wir selbst oder die Ereignisse festigen, flechten es erneut. Die grenzenlosen *mediae res*, in denen wir leben, und die Sprünge der Aufmerksamkeit, während die körperliche Wirklichkeit nie stockt – und unser fehlendes Bewußtsein für den Basso continuo oder ostinato des Pulses – und unser Bewußtsein für das unstete Singen der Tenor-, Sopran- und Baritonstimmen des Geistes – all dies erklärt, warum der Präsenz Schönheit eigen ist, dem Geist zum Trost und darüber hinaus zu seinem Schrecken, da er sich darin gefangen fühlt – Präsenz, will ich sagen, ist Treue und der Kontinuität von Herzschlag und Atmung zugehörig, nicht den Sprüngen der Aufmerksamkeit.

Das Licht fährt zwischen und über die Gebäude, es kitzelt die Wasserflächen. In jedem Moment ist überall wirkliches Licht, wirkliches Dunkel in Sicht. Die Welt ist real.

*(PF)*


IN DER realen Zeit, in einem realen Venedig warte ich auf der Scalzi-Brücke in realem Licht. Obwohl Venedig ein Theater ist und nun die Kulisse für Rendezvous, ist es doch eine *reale* Stadt – oder war es einmal, in einem sich unter leisem Rauschen faltenden und entfaltenden Jetzt; da sind die Lohtöne sonnenbeschienener Mauern und die dunkelroten Ziegeldächer, während ich auf der hochgewölbten Scalzi-Brücke stehe, unter mir der grandios und unabweisbar strömende Canalazzo, das unstete Wasserglitzern, die absurden Verneigungen des auf dem Wasser tanzenden Verkehrs im gelblichen Sonnenschein. Wenn ich mich im Kreis drehe, sehe ich identifizierbare, massive Gebäude, einen Bahnhof, zwei Kirchen, je eine zu beiden Seiten des Canal Grande, ein Bahnhofshotel, den Himmel und die Lagune, die hier gezähmt ist, intimen, aber nicht winzigen Formats, und den gegenwärtigen Moment, den man daran erkennt, daß in ihm alles improvisiert ist ... Unter Blinzeln verändert sich die Welt ...

(PF)

VENEDIG IST ein Theater und ist real, ein Theater für Rendezvous. Die Farben des Bühnenbilds sind Grün, Blau und Gelb mit roten Flecken und weißen Spritzern. Der Bahnhof, die beiden Kirchen diesseits und jenseits des Canal Grande. Im grellen Licht der absurde Verkehr auf dem Canalazzo unter uns, die Wasserflaneure, die tanzenden Buge. Die realen Darsteller improvisieren hier ihren Text.

*(frühere Fassung)*

# GÄNGE, FAHRTEN

Mit wachsender Kraft ergreift der Morgen die Stadt. Ich gehe durch einen See straffer Emotionalität – durch einen Lichtdom. Die Geräusche der Stadt stechen besonders deutlich hervor, nachdem der Schirokko aufgehört hat. Von meinem Leben in Besitz genommen und getrieben, spaziere ich durch gemalte Luft, durch eine gemalte Stadt in einer künstlich geschaffenen Welt. Die normale, reale, lachhafte Welt ist von angenehmer Stetigkeit – Venedig als eine ununterbrochene Leinwand mit nur einigen traurigen beweglichen Elementen darin, die in der Falle sitzen ... Es schien, als sei ich allein von Dauer; alles und alle sonst zogen vorbei und wurden auf eine starre, klare Bedeutung komprimiert; nur ich allein blieb in meiner Kontinuität so, wie ich mich in meiner frühesten Kindheit gefühlt hatte. Verstehen Sie mich? Wissen Sie noch? Die taghelle Leinwand wellt und regt sich, farbig bemalt, eine Fahne, die lockere Falten wirft und sich entrollt.

*(PF)*

DIE GESCHICHTE dieses Archipels von Stadt, der Republik Venedig, die ihre innere Stabilität zu wahren wußte, entspringt einer bestimmten allgemeinen Wachsamkeit, lückenloser als die der Faschisten. Der Narzißmus, das wahrhaft selbstbewußte, sich wahrhaft selbstbetrachtende Selbstgefühl des Nationalstaats lauert hier noch in den Blicken und den Fenstern. Die alte Frau, die auf dem Gemüseboot auf dem Rio Malposa aushilft und uns sieht, unser Vorbeigehen registriert, grinst aus unbekanntem Grund und winkt oder gestikuliert wissend. Anarchische, archaische Mitwisserin, ruft sie konspirativ: «Bo' gior', cativi ...» Guten Tag, böse Buben ...

Ich empfand die mir *weiß* erscheinende Dichte und das bedrückende Gewicht der ihrer selbst bewußten venezianischen Welt wie einen Scheinwerfer, der uns umspielte ... Wie Casanova wußte, ist es in Venedig mit seiner Lebensdichte zwischen den Kanälen unmöglich, mitten am Tag unbemerkt von irgendwo zu fliehen.

So laufen wir – gesehen, beurteilt, laufengelassen. Für die Touristen sind wir Nebelflecken, wilde Gesellen, die in den Calli, zwischen den Besuchern, nunmehr die wandernde, hinkende, schwitzende Zierde der wunderbaren Stadt, im Zickzackkurs hindurchflitzen.

Braun, weiß und hellblau schaukelte das Boot auf dem dunkelgrünen Wasser des Kanals.

Der Motorlärm, auf den Fondamente die Passanten, ein langer Tourist, der stehenbleibt, um uns zuzusehen ...

Nun tuckern wir vorsichtig an den Pfählen aufragender Palazzi und hoher Häuser vorbei, an einem schäbigen *squeri* vorüber. Schon tuckern wir zu laut, zu schnell, durch den Rio San Giovanni laterano zum Rio San Lorenzo, noch ein bißchen schneller, vorbei an Carpaccios «Cave», der kleinen Scuola, in der sich an den Wänden der heilige Georg mit dem Drachen und der heilige Hieronymus gegenüberstehen, durch den Rio dei Greci in den Bacino, in die weite Helligkeit. Plötzlich mit Tempo und dröhnendem Motor, zwischen spritzend von uns gepflügten Wellen mit erhobenem Bug in immer weitere Helligkeit hinein.

Schnittig entgleitet uns zur Rechten der Canal Grande mit seinen schwebenden, fenstersüchtigen Fassaden, sich windend unter Phantasien, Ahnungen von Gold.

Vorbei an der Kirche San Giorgio Maggiore mit ihrer mysteriösen Logik aus Spiegelungen und behauenem Stein und mit dem Echo-Campanile, der kleineren, immer noch monumentalen Version des gewaltigen auf der Piazza, der zu neu, zu plump ist, um schön zu sein, dafür ist der auf der Piazza kolossal phallisch.

An der Giudecca-Insel vorüber, hinaus in die Lagune, auf Chioggia, die weite Leere zu. In seiner Bugwelle, mit laut hechelndem Motor und dumpf aufknallendem hölzernem Rumpf springt das Boot über das unwohl wabernde, krautige, schleimig nasse Lagunenfeld.

*(frühere Fassung)*

WIR STAPFTEN die leere Fondamenta Zattere entlang, blickten über das Wasser zur Giudecca-Insel und
zum erblassenden Himmel, an dem immer leuchtender
die gelbe Dämmerung aufstieg. Ein breites Band gelben
Gleißens zog sich im Osten über den Himmel. Mit fahl-
gelbem und rosagrauem – venezianisch rosafarbenem –
Licht flutete das Morgengrauen die in dunstigen Pastell-
tönen daliegenden Calli.

Auf dem Vaporetto nach Mestre zu ist der Himmel
hinter den Rändern der Wolkenmassen wieder grellgelb.
Mehr in unserer Nähe ziehen geballte Wolken über der
Lagune dahin.

Das Vaporetto wühlt sich schnaufend und spritzend
vorwärts. Wir steigen aus. Die Menschenmenge am Riva
riecht nach Sommer und Regen.

Wir steigen in ein weiteres Vaporetto, ein schwarzes ...
Unter lauten, hypnotisierenden Mahlgeräuschen zieht
das Boot fast gleitend über das friedliche, von aufge-
türmten Wolken beschattete Bacino. Von Mestre her
streift rasch die Sonne über das Wasser auf uns zu, ver-
wandelt das mattschimmernde blaugrün-schwarze
Wasser in eine gleißende Fläche, die wohlgegliederte,
in trübem Zwielicht liegende Fassade von San Giorgio
Maggiore in eine hohe Kirche mit naß beleuchteten Pi-
lastern und Kranzgesimsen. Hinter uns auf der gegen-
überliegenden Seite des Bacino strahlt die strahlende
Stadt nur müde, und ihre Konturen verschwimmen in
Dunst. Der halbe Himmel über ihr ist dunkel. Doch
von den optisch zurücktretenden Kuppeln von San

Marco steigt dunstiger Glanz auf. Strudelnde und strömende Dunstschwaden belecken das Wasser des Bacino. Ich fühle mich von leuchtenden Dämpfen, von leicht wallenden Dunstfetzen umschnürt ... Und auf dem Wasser um uns her flirrt weithin feuchtes, dunstiges Licht. Die Nebelsträhnen strömen an uns vorüber und verschwinden. Mein blindes, utopisch-apokalyptisches Hoffen auf sentimentales Glück raubt mir den Atem.

Nun stehen wir in sehr grellem, sehr heißem Sonnenlicht. Fluten giftiger Hitze bedecken sengend die Wasserebene des Canale della Giudecca. Die dicht gewebte Luft glich straff dem Wind entgegengespanntem Musselin, der sich dann lockerte, als das Boot die nüchterne Chiesa del Redentore über ihrer mit Touristen getüpfelten Treppe passierte ... durch das erregte Blubbern und flüssige Klagen des Wassers hinüber zu den Zattere. Träge schwirrte der Wind. Die venezianische Außenwelt erschien wie ein geöffnetes Fenster, vor dem jenseits der vor Hitze wogenden, gelblichen Lichtgardinen eine weitere, realere Außenwelt lag. Nahebei schmerzte die kratzend und kitzelnd zerknüllte, rauhe Hitzedecke, die spürbar schürfende, Licht-gefolterte, gobelinartige Luft auf der Haut und an den Augen. Im Süden sah man am strahlenden, fast flackernden, fast sündhaft heißen Himmel die dunkle Wolkenmasse, vielkupplig und grau-blau-schwarz, des Regens über der Adria. Mein Hirn in seiner starren, beinernen Glocke läutete in weißglühend erhitzter Betrachterpose – einer

moralischen Pose, emotionalem Dünkel ... Blasiertheit,
blasierter Autonomie.

*(PF)*

SPORADISCH BRECHEN Schwaden von Sonnenschein hervor, schrumpfen und weiten sich im Wind, auf-
fliegende Vögel aus Licht, fragil, nervös im Regen. Dann
entfaltet das Licht sich flatternd wie Segeltuch zu feuch-
tem, erfrischtem Sonnenschein.

Tauben gurren und flattern über unseren Köpfen träge
in der Geschichte der Gefühle ein und aus. Mit venezianisch augenfälliger Pracht verdichtet sich das Licht zu
schimmerndem gelbem Feuer. Doch dann türmten sich
wieder Wolken auf; blaugraue Schatten, wie aus Glas
oder Puder, sind in der Luft; meine Blicke trudeln tau-
bengleich durch das glühend vergehende Licht. Das ei-
genartige Helldunkel des Himmels nun, da weit oben
Sturm und in tieferen Schichten Windstille herrscht, be-
schwört den Sinn für Persönlichkeit und einen Anflug
von Zuneigung herauf. Dieser Campo, dieser asymmetri-
sche Winkel Venedigs, summt in der düsteren Schwüle
vor dem Regen vom Aufgebot an steinernen Fassaden,
Fenstern, Vögeln, Glocken, Licht, rufenden Kindern und
nahendem Regen ...

Der Tag ist nun grau. Plustrige Tauben, von unseren
raschen Schritten aufgescheucht, flattern weich auf
Steine. Zwischen Touristen hindurch gehen wir mit starren Gesichtern durch kühleren und immer kühleren

Wind, bis das Licht bei Santa Maria della Salute noch
grauer und zum falschen Zwielicht vor Regen wird und
Venedig sein matt leuchtend konturiertes Profil dem
dunkelnden Himmel entgegenhält.

*(PF)*

TAUBEN SCHWIRREN, und in der feucht schwelen-
den Atmosphäre leuchtet reflektiertes Licht auf den Stein-
flächen auf. Die grüngoldenen Rosse tänzeln, und das
nasse Purpur, die müden Altrosatöne und glasigen Gelbs
der Kirchenmosaiken, das Fleischrosa der Loggetta und
die weißgrauen Statuen auf der Dachbalustrade der Libreria vor den scheidenden Wolken und dem weißgeäder-
ten Blaugrau des Bacino, der matte Glanz des Wassers, die
sachten Bewegungen im entfalteten, verschwommen flimmernden Fächer seiner Fernen, die ausgedehnten, den
Reisenden lockenden Gewässer der Lagune jenseits des
Canale della Giudecca, die Stellen von Verfall und moder-
ner Häßlichkeit hier und da stören nur leicht die Anmut
der Szenerie, die wachsende perspektivische Tiefe der
lieblichen Stadt in der feuchten Atmosphäre, unter Wolken, die nun ins Weiße spielen. In diesem Augenblick
bindet das Wasser mehr Licht als die Luft. Strahlende
Helligkeit scheint vom Wasser aufzusteigen, höher und
höher, ein strahlender, farbloser Halbglanz. Auf der
Piazza glimmt und gleißt überall auf nassem Stein der
matt schimmernde Wasserfilm, eine verstummte, fahle
Aura, deren Strahlkraft zart und stetig zunimmt – die

Genugtuung, die Auge und Seele hier angesichts der Süße des Erfolgs menschlicher Arbeit und der schmückenden, bedeutsamen Gefügigkeit der Natur zuteil wird: wie schon so oft in der Vergangenheit erstaunt sie und beruhigt.

*(PF)*

DIE GLOCKEN von Venedig läuteten in der feuchten Luft, als ich blinzelnd an die Tür zur Altana kam. Da konnte ich mich aufrecht halten. Der Himmel senkt schmale spitze Wimpel zwischen Dächer und Glockentürme. Ein voller Mond und kleine, mondbleiche Wolken sind zu sehen. Die ersten Klänge von Glockentürmen, die verdeckt weiter entfernt stehen, kommen nur gedämpft an, sie werden von den Häusern entlang der gewundenen Calli zum Teil aufgefangen. Doch dann beginnen die Glocken der sichtbaren Türme zu läuten, die von San Stefano und der Frari-Kirche, die Marangon-Glocke und die übrigen von San Marco erschallen lauter, näher, dringlicher, ihre Klänge vermengen sich mit dem gedämpften, ferneren Bimmeln, erfüllen die geballte Faust der Stadt mit arhythmischem Lärm. Um uns her standen über einigen wenigen, fahl erleuchteten Fassaden in der dunklen Stadt Steinfiguren, die segneten oder in luftige, dunkle Höhen blickten – Engel, die heilige Jungfrau, die Apostel, gelegentlich ein Christus; manche reckten Bronzeflügel, Bronzeposaunen und Bronzeheiligenscheine in die dunkle Luft: die steinerne Bevölkerung über dem Gewirr der Dächer.

*(PF)*

IN DER venezianischen Kunst gibt es kaum Darstellungen des Heiligen Geistes. Geistige *Tiefe* wird in der venezianischen Malerei durch Engel und die Mienen realistischer Gesichter angedeutet.

*(frühere Fassung)*

DIE PIAZZA bei Nacht, mit ihrer erleuchteten Kathedrale und dem Wind, der die hoch über dem Pflaster an gespannten Drahtseilen hängenden Lampen zum Schwanken bringt, und über den Lichtern ein Halbmond, um ihn herum verwehte Wolken mit mondhellen, silbriggrauen oder strahlend silbernen Rändern auf dem dunkelblauen, dunkelgrau-schwarzen Himmel ... Und das Café Florian und das Quadri erleuchtet, und vor dem Florian ein spielendes Orchester, und Mädchen überall, reiseschmutzig oder sauber, aber blaß vom Reisen und von neugieriger Einsamkeit.

Im Dunkel jugendlicher Nachtvergnügen in Venedig schimmern Mädchen. Es liegt eine gewisse Einfalt darin, wie ich sie sehe, diese raffinierten Früchte – Sie mögen mir verzeihen – der Dunkelheit, der Sommernächte und unserer Stimmungen. Von den Ästen der Dunkelheit wachsen solche Mädchen in die Wirklichkeit hinein, großgewachsene, stolze amerikanische Mädchen, habgierig und wißbegierig, selbstbewußte französische Mädchen, zu grausam, zu kompliziert, als daß man sie nicht lieben und fürchten müßte, und deutsche oder skandinavische Mädchen, leuchtend blaß, mit knochenfarbener

Haut im Dunkeln, und englische und italienische Mädchen, glänzend und dunkel oder schimmernd und rosig
angehaucht, eingebildet, wissend, mit jungen Stimmen
und fast immer mit einem merklich fremden Duft, eine
Spur salzig, und einer seltsamen Melodie, zerbrechlich,
ausgeklinkt, auf der Reise gesprungen – außer wenn, wie
es manchmal geschah, nur sie redeten und keinen anderen reden ließen – wie zäh und überheblich sie doch
manchmal waren.

*(PF)*

VERBLICHEN GLITZERTE Venedigs Schönheit
hier und da im hingehauchten, wassergrundierten Panorama entlang dem Canale della Giudecca. Das Verlangen in mir glich Wasser, das in eine gewölbte Hand
spritzt und überfließt, noch nachlässig zu gebrauchen,
doch nur auf barbarische Art ...

Jede emotionale Schattierung verändert einen bis in
die feinsten Partikel, bis in die Moleküle des Ichs hinein,
in jedem Jota, in jeder Nuance von Liebenswürdigkeit
oder Derbheit.

Ich blinzle und wende den Kopf ruhig dem offenen
Wasser zu ... Hinter zwei Möwen, die auf den Fondamente stehen, tanzt das Wasser in der grandiosen
Feuersbrunst des mächtig flutenden Nachmittags-
lichts.

Wir wurden zu Figuren im öden, archaischen Epos
einer Wanderung, einer Reise durch die breiten Furten,

zugeschütteten Kanäle, kleinen Boulevards in diesem Teil Venedigs.

Der herrlich gelbe, seidig gerippte Himmel über der Kuppel von Santa Maria del Salute mit ihrem Völkchen steinerner Gestalten hoch in der Luft schwebt nun noch strahlender über der doppelten Reihe von Palazzi und den verdoppelten, unberechenbaren Spiegelungen. Tief in mir ertönen bauchrednerisch die Geräusche des Canal Grande, werden auf der Bühne der Dunkelheit in mir von meinen Pulsschlägen, meinen Atemzügen rezitiert, die traumschwer sind und die mein Bewußtsein wie Portieren teilt, durch welche ich trüb stiere, während die Gondel, richtig herum gewendet und von dem hochgewachsenen, rotgesichtigen Gondoliere gestakt, auf kleinen Wellen dem Licht entgegenschaukelt.

Noch niemals habe ich solch ein Glitzern gesehen – auf den Wellen, auf dem Gondelbug und vom Gefieder herabschießender Seevögel eingefangen, lautlos an Scheiben berstend und an den Fenstern der Palazzi auf unserer Höhe haftend. Weit oben an der gebogenen Wasserstraße schwebte in der Luft die phantastisch dröhnende Explosion einer echten Sonne in jene Hitze, in der wir geblendet voranschaukelten.

*(PF)*

GRELL FLIMMERTE das Licht auf glitzerndem Wasser und auf verblichenen, berühmten Gebäuden, als wir in den Canalazzo hineintuckerten. Die Salute-Kirche

mit ihrer herrlichen Verkündigungskuppel und ihrer ent-
rückten, in luftiger Bewegung erstarrten Bevölkerung
von Statuen schimmerte, mehr Fabelgebilde als aus
Stein, in unverläßlicher Schönheit. Mitten auf dem Canal Grande umgibt eine Flottille von Gondeln, mit Japa-
nern besetzt, eine weitere Gondel, in der ein italienischer
Tenor weitgehend richtig singt ... Von einem verbeulten
Vaporetto aus glotzen kamerabewehrte Touristen, rotge-
sichtig, besessen, in ihrem Starren verschreckt und
stumpf, die Japaner an.

Einmal, als ich mir hier ein Feuerwerk auf dem Wasser
ansah, hatte ich die Phantasie, die Mosaiken mit den
Heiligen, der Madonna und Christus in San Marco ver-
wandelten sich in ein venezianisches Feuerwerk und fie-
len in brennenden Kaskaden ins Bacino. In den Pausen
zwischen den Donnerschlägen hoch in der Luft war ein
fernes Zischen zu hören – das Erlöschen der Lichtfunken.

*(PF)*

TINTORETTO, DER traurige, malte kaum das Licht
Venedigs; er malte das Licht des Geistes als Mondlicht
oder als Licht metaphysischer Bedeutung.

*(frühere Fassung)*

# AUF DEN WELLEN

Elegant tänzelte die Gondel über die schäumende Kielwelle eines Motorbootes von einem der Luxushotels. Der große, dünne, gutaussehende Mann, der in der Gondel saß, packte die Dollborde des kleinen hölzernen Bootes und sagte zu seiner siebenjährigen Tochter: «Halt dich fest.» Gondeln sind atavistisch, dachte er.

Er trug ein weißes Polohemd. Einst hatte er auf der amerikanischen Tennisrangliste an sechster Stelle gestanden und eine reiche Tochter geheiratet; an Turnieren nahm er seit fünf Jahren nicht mehr teil, und die Ehe war vor zwölf Monaten geschieden worden. Jetzt unterrichtete er an einer amerikanischen Schule in Rom amerikanische Geschichte und spielte mit verschiedenen Leuten aus Diplomatenkreisen Tennis. Bei der Auswahl seiner Lektüre orientierte er sich immer noch an der Bücherliste, die er einmal zusammengestellt hatte und von der er sich Intelligenz oder, sollte es damit nicht klappen, wenigstens Bildung erhoffte. Er war von Natur aus mit einem robusten Körper und guten Nerven ausgestattet, und seine Unwissenheit hatte ihm nie so zugesetzt, daß ihm sein Selbstwertgefühl nicht mehr zu Hilfe eilen konnte; dann, im vierten Jahr seiner Ehe, als es sowohl mit dem Tennis als auch mit der Ehe bergab ging, hatte ihn das verzweifelte Verlangen überkommen, über alles mehr wissen zu wollen. Er hatte sich hingesetzt und angefangen, die Philosophen, die Psychologen, die Historiker, die Dichter und die Kritiker zu lesen. Er wußte nicht genau, was er als gebildeter Mann, als intellektueller Autodidakt, machen sollte, und so entschloß er sich, Lehrer zu werden. Er hatte seine Frau verlassen, weil er nicht mit ihr streiten wollte und ihre Unruhe über die Veränderungen in ihm nicht ertragen konnte. Er war nach Europa gegangen. Die Scheidung hatte ihn deprimiert. Seine Tochter hatte ihm unglaublich gefehlt. Er hatte seiner geschiedenen Frau geschrieben und sie gefragt, ob Melinda ihn besuchen könne. Er werde das Flugticket nach Europa zahlen. Seine geschiedene Frau hatte sich einverstanden erklärt. Melinda hatte ihm einen Zettel geschrieben, auf dem in Blockschrift stand: «KÖNNEN WIR UNS VENEDIG ANSEHEN, PAPA?»

Sie saß neben ihm in der Gondel, blaß, mit zarten Knochen, Augenbrauen so gerade wie die seinen und Augen so grün wie die ihrer Mutter. Das rötlichblonde Haar steuerte sie allein bei, ebenso wie die dumpfe Hartnäckigkeit, mit der sie Henry gegenüber an ihrer teilnahmslosen Höflichkeit festhielt. Es war der vierte Tag ihres Besuches, ihr zweiter Tag in Venedig.

Er hatte Kopfschmerzen. Er saß zusammengesunken da, die Hände zwischen den Knien. Er fragte sich verärgert, wie die Venezianer es fertigbrachten, tagaus, tagein mit diesem trügerischen, wäßrigen Dunst zu leben, mit der Hitze, der verwirrenden Fülle der Reflexionen, der

Gerüche, der verspielten architektonischen Details, mit der beunruhigenden Mischung aus Verwahrlosung und Prunk, mit der stillen, silbrigen Luft, dem Verfall, der Geschichte und der Atmosphäre der Verderbtheit. Aber er fühlte sich gezwungen, ehrlich zu sein. In Wirklichkeit, dachte er beschämt, langweilte er sich. Es war sterbenslangweilig, soviel Zeit mit einem Kind zuzubringen.

Morgens waren sie in der Ca' d'Oro gewesen. «Ist das nicht schön?» hatte Henry gesagt. «Es heißt, es sei eins der schönsten Häuser in Europa.»

«Es ist schön», hatte das Kind gesagt.

Als er den Mantegna lange betrachtet hatte, war es zappelig geworden. «Erzähl mir die Geschichte von dem Bild, Papa», hatte es gesagt.

«Der Mann, der da von Pfeilen durchbohrt wird, ist ein Heiliger», hatte er gesagt.

So vieles in Venedig war nichts für Kinder.

Diese Reise war vielleicht ein Fehler gewesen: Den halben Zauber von Kindern machte die Bewegung aus. Kinder, die stillsitzen mußten – im Zug, bei Tisch, in einer Gondel –, wirkten reduziert: die Beschränktheit ihres Intellekts und die Härte ihrer Stimme waren nervtötend.

Nach der Ca' d'Oro hatten sie eine Gondel gemietet und waren auf den Canal Grande hinausgefahren. Beim Anblick der glanzlosen Augen und der schlaffen Lippen des Kindes hatte Henry gefragt: «Du bist doch nicht seekrank oder so?» Er hatte einen Vorschlag gemacht: «Manche Leute mögen keine Gondeln. Wenn die Gondel dich nervt, können wir auch an Land gehen.»

«Wie wäre es denn mit etwas zu essen?»

«Das hab ich ganz vergessen», hatte Henry gesagt.

«Jetzt ist ja deine Essenszeit. Kannst du es noch bis San Marco aushalten? Da kenne ich mich mit den Restaurants aus.»

Während der Gondoliere seine stetigen Ruderschläge wiederaufnahm, wandte Melinda sich Henry zu – die Art, wie sie den Kopf auf die Schulter neigte, deutete auf Melancholie hin – und fragte mit dünner Stimme: «Warum haben sie Venedig auf dem Wasser erbaut?»

Ohne nachzudenken antwortete Henry: «Um sicher zu sein.»

«Und auf dem Wasser ist es sicher?»

Henry, dessen Elftkläßler ihren Geschichtslehrer verehrten und seinen Ansichten vertrauten, sagte: «Na ja, Kinder können hineinfallen. Aber die Leute hier wollten vor feindlichen Armeen sicher sein.»

Das Kind wartete. Es war nicht zufriedengestellt.

Henry dachte, daß Gondeln untaugliche Wasserfahrzeuge seien, kiellos (eine gebogene Sechzehntelnote, eine Notation der Musik des Wassers). Er schreckte aus seiner Betrachtung hoch. «Armeen können nicht zugleich schwimmen und kämpfen.»

«Sie könnten doch in kleinen Booten kommen», sagte das Kind.

Henry klopfte sich die Knie seiner Hosen ab. «Die Venezianer hätten hinausschwimmen und sie umkippen können, mit kleinen Booten hätten sie alles mögliche machen können. Die Venezianer hatten tausend Jahre lang keinen Ärger mit feindlichen Armeen.» Er lächelte, um etwaige Lücken in seiner Erklärung zu überdecken – seines körperlichen Charmes war er sich schon immer außerordentlich sicher gewesen.

«Tausend Jahre?» fragte das Kind.

«Ja», versicherte er, «tausend Jahre.»

Das Kind kniff ein Auge zu und sah ihn mit dem anderen an. «Ist das lange, Papa?»

Henry unterdrückte einen Seufzer. «Ich erklär's dir», sagte er. «Nehmen wir zum Beispiel Oma Beecher. Die ist doch ganz schön alt, nicht?» Sein Blick bewirkte, daß sie ihm aufmerksam zuhörte. «Und jetzt stell dir *ihre* Großmutter vor. Und dann geh weiter zurück bis zur *zwanzigsten* Großmutter. Eine ganze Menge Großmütter, was?»

Keiner von beiden schien die Augen vom anderen abwenden zu können. Schließlich merkte er, daß der Blick des Kindes langsam durch ihn hindurch ins Leere ging.

Langsam streckte es die Hand über das Wasser; es beobachtete, wie der Schatten seiner Hand auf den von der Sonne vergoldeten Wellen seine Gestalt veränderte. Es war so leblos wie ein Mosaik, und doch sprach es. «Sind diese Paläste so schief und krumm, weil sie so alt sind?»

Henry sagte: «Na ja, ja und nein.» Er hielt inne und fuhr dann beherzt fort: «Die Gebäude sind alt, ja, aber das ist noch nicht alles. Die Inseln, auf denen sie stehen, waren bloß Sandbänke – sie ragten so eben aus dem

Wasser, und die Venezianer erhöhten sie mit Steinen, Holz und Abfall ...»

«Abfall – igitt!» Das Kind hielt sich die Nase zu. «Tja», sagte sein Vater, «sie erhöhten die Inseln. Aber im Lauf der Zeit leckten die Wellen daran. Wellen sind wie kleine Zungen», sagte er, jäh poetisch werdend. «Sie lecken die Inseln Stück für Stück ab, die Inseln senken sich, und die Häuser werden schief.» Es war traurig, dachte Henry, daß sie zu jung war, um zu verstehen, daß Sonnen, Sterne, Menschen, die Intelligenz und alles Erschaffene notwendig aus dem Chaos entstanden und im Chaos vergingen.

Blinzelnd sah Melinda zu Henry auf. «Stürzt Venedig ein, Papa?» fragte sie.

«Na ja – ja und nein», sagte Henry. «Es *versinkt*, wenn auch nur ganz langsam.»

«Mensch, Papa, du weißt aber eine ganze Menge», sagte sie mit verzweifelter Begeisterung.

Henry spürte, daß ihm die Röte heiß ins Gesicht stieg. «In jedem Reiseführer kannst du nachlesen ...» sagte er. Er sprach den Satz nicht zu Ende. Er betrachtete die Barock-Paläste an diesem neueren Abschnitt des Canal Grande, Paläste, die gesprenkelt waren mit Mittagsschatten, eingehüllt in Simse, Pfeiler und Balustraden, traurig.

«Es wird also nicht einstürzen, solange wir hier sind?» fragte das Kind. Es lachte zaghaft.

*Wollte sie denn, daß Venedig einstürzte?* «Nein», sagte Henry, «es wird nicht einstürzen.» In ihrem Gesicht sah er Enttäuschung. Er sagte: «Du kennst doch den großen Turm an der Piazza – den roten Turm. Der ist mal eingestürzt … zu Henry James' Zeiten. Vor ungefähr sechzig Jahren.» Melinda sah ihn, wie er fand, erwartungsvoll an. Sie wollte mehr über den Untergang Venedigs hören. Du lieber Himmel, warum wünschte das Kind dieser phantastischen, auf Schlamm und Abfall gebauten Stadt Böses? Lag es daran, daß es sich verraten fühlte, daß es wütend war auf die Welt der Erwachsenen und deshalb auf ihre Zerstörung hoffte? Henrys Herz bebte: Melinda war eine verratene Idealistin. Schmerzerfüllt sah er sie an.

Sie hatte ein verständnisloses Stirnrunzeln aufgesetzt, das den Eindruck vermittelte, als ränge sie mit einem nur halb ausformulierten weiblichen Gedanken.

«Was ist?» fragte Henry. «Denkst du etwas? Was denkst du?»

Das Kind schreckte auf, schüttelte den Kopf und zog die Schultern hoch.

«Sag es mir ruhig», sagte Henry aufmunternd.

«Dann wirst du wütend», sagte sie.

«Ich?» Er hielt inne. Langsam fuhr er fort: «Und selbst wenn ich wütend werde – das macht doch nichts. Väter und Töchter dürfen ruhig wütend aufeinander werden, wenn sie wollen. Das macht überhaupt nichts. Wir können doch nicht unser Leben lang Angst voreinander haben.» Melinda musterte ihren Daumen. «Oje, und wenn ich wütend werde, fange ich womöglich noch an zu schreien und mit den Armen zu fuchteln und falle in den Canal Grande – wäre das nicht komisch?»

Melinda schwieg.

«Na, komm schon», sagte Henry. Er beugte sich zu ihr. «Versuch doch, mich wütend zu machen. Probier es aus.»

«Ich hab zuviel Angst.»

«Vor mir?»

«Ich weiß nicht», sagte sie taktvoll. Sie steckte ihren Zeigefinger ins Wasser. Henry konnte nur ihren Hinterkopf sehen.

Ihn überkam jenes Gefühl der Schuldlosigkeit, das man hat, wenn man meint, mißverstanden worden zu sein. «Das Wasser ist schmutzig!» rief er.

Melinda hob den Finger und umfaßte ihn mit der anderen Hand in ihrem Schoß; Wassertropfen färbten ihren blaßblauen Rock dunkel.

Henry sagte: «Ich kann mir nicht vorstellen, daß du mir etwas sagen könntest, das mich wütender machen würde als die Tatsache, daß du es mir *nicht* sagst.»

«Na gut...» flüsterte Melinda. Die Gondel schwankte. Ein Motorboot, das aussah wie ein Rettungsboot und mit gestapelten Coca-Cola-Kästen beladen war, tuckerte vorbei: «Eigentlich gefällt es mir gar nicht in Venedig.»

Er hatte erwartet – und seit dem Augenblick, in dem er erkannt hatte, daß sie Venedig einstürzen sehen wollte, waren seine diesbezüglichen Hoffnungen gewachsen –, daß sie etwas Aufschlußreicheres von sich geben würde, irgendein Eingeständnis vielleicht, daß diese Distanz, die seit der Scheidung zwischen ihr und Henry entstanden war, sie traurig machte, etwas in der Art wie: «Ich finde es schrecklich, daß Mama und du nicht mehr zusammen-lebt», eben etwas Aufrichtiges.

«Du wolltest nach Venedig fahren!» sagte er. «Das war deine Idee!»

«Es ist aber nicht so, wie ich gedacht habe», sagte sie. «Hier ist nichts echt, außer dem Wasser.»

Henrys Mund öffnete sich, und dann drang Gelächter heraus. Er lachte ziemlich lange. Er wurde wieder ernst: Würde es Melinda etwas ausmachen, daß eine Stadt unecht war, wenn die Tatsache, daß Henry von zu Hause fortgegangen war, sie nicht gelehrt hätte, daß es überall Falschheit gab? Mitleidig, zärtlich blinzelte er sie an.

«Warum hast du gelacht?» Ihr Gesicht war rot, so ge-kränkt fühlte sie sich.

«Weil ich fand, daß das eben geistreich war.» Er sah sie an. «Weißt du, was ‹geistreich› bedeutet?»

«Nein.»

«Etwas, das mehr oder weniger wahr ist und über-raschend kommt, bringt die Leute zum Lachen. Das nennt man geistreich.»

«Und das war ich?» sagte sie.

«Ja. Das warst du … Aber, Melinda – die meisten Leute finden Venedig schön, auch wenn es unecht ist», sagte Henry.

Das Gesicht des Kindes verdüsterte sich, als hätte er ihr damit sein Mißfallen kundgetan.

Mit jenem Gefühl der Ungeschicklichkeit, das ihn je-desmal überfiel, wenn sie ihn bat, ihr mit einem dieser kleinen Knöpfe zu helfen, versuchte Henry, die Sache wieder geradezubiegen. «Aber das Wasser magst du doch, oder?»

«Und die Tauben», sagte das Kind, bemüht, es ihm recht zu machen.

«Warum? Sind die echt?»

«Ja», sagte das Kind und nickte energisch.

Warum sah es so erwartungsvoll aus? *Ich geb's auf*, dachte Henry und lachte vor Wut und Müdigkeit. Langsam färbte sich Melindas Gesicht wieder rot. Sie strich ihren Rock glatt. Eine sanfte Glut schien Besitz von ihr ergriffen zu haben. Er sagte: «Wenn es dir hier nicht gefällt, bleiben wir natürlich nicht. Wir können nach Paris fahren.»

«Paris?» Die Glut nahm zu und wurde dann schwächer. «Wenn du willst», sagte sie und starrte in ihren Schoß.

Henry hatte angefangen, ihre wohlerzogene Unverbindlichkeit widerwärtig zu finden. Während der ersten Tage ihres Besuches hatte er gedacht, sie sei noch immer erschrocken darüber, daß Mama-und-Papa nicht mehr ein einziges, mit Bindestrich geschriebenes warmes Tier war; er hatte sich gesagt: «Sie muß sich erst daran gewöhnen, daß ich eine Einzelperson bin.» Er hatte nicht damit gerechnet, daß sie dieser Einzelperson gegenüber so lange wohlerzogen und verängstigt bleiben würde. Er begann, Sätze abzuspulen wie ein Verkäufer, der einen Kunden beschwatzen will. «Heute nachmittag gehen wir schwimmen am Lido. Wir setzen mit dem Ausflugsboot über. Wir werden im ‹echten› Wasser schwimmen, und heute abend essen wir, und dann packen wir und leisten uns ein Eis, und morgen fliegen wir nach Paris. Wir werden über die Alpen fliegen. Du wirst die Alpen sehen – die hast du noch nie gesehen. Wir werden rechtzeitig zum Mittagessen in Paris sein. Und wir werden vor dem Restaurant essen, auf der Straße –»

«Ich weiß. Das hab ich im Fernsehen gesehen.»

«Aber wird es dir gefallen?»

Besorgt fragte das Kind: «Hast du denn genug Geld?»

*Ach du liebe Zeit*, dachte Henry, *sie hat diese Streitereien mitgekriegt*. «Nein», sagte er, «ich kann's mir nicht leisten. Aber wir tun's trotzdem.»

Melinda machte große Augen. Es war, als weitete sich ihr Gesicht vor Vergnügen. Sie hielt sich die Hand vor den Mund und lachte.

«Was ist daran so komisch?» sagte Henry.

«Du bist komisch, Papa. Du bist so toll.» Sie schob ihre Hand in seine und knetete mit eifrigem, gummiartigem Druck seine Finger – eine aktive Inbesitznahme. Das Licht hüpfte und tanzte über den Schwanenhals des phantastisch geformten Bugs der Gondel. Sie seufzte. «Papa», sagte sie nach einer Weile. «Du kennst doch den Jungen, der gegenüber wohnt?» Sie meinte gegenüber der Wohnung in den Staaten, wo sie mit ihrer Mutter wohnte. «Also, der will immer so schmutzige Spiele machen.»

Henry fuhr sich mit der Zunge über die Unterlippe. Wie seltsam rührend das ist, daß dieses Kind mir vertraut, dachte er. «So?» sagte er.

«Ja», sagte sie.

«Was meinst du denn mit ‹schmutzige Spiele›?» Seine Augen musterten forschend ein Stückchen des Himmels über Venedig; seine Stimme war so ruhig wie die eines Psychiaters.

«Du weißt schon.»

«Gib mir mal ein Beispiel.»

«Ach, er will, daß ich mit ihm in die Besenkammer gehe und mich ausziehe.»

Die Gondel glitt unter dem Ponte dell'Accademia hindurch. «Tatsächlich?»

«Ja», sagte Melinda und nickte.

Henry nahm sich ein anderes Stückchen Himmel vor. «Ist das alles?» fragte er.

«Er ist wirklich blöd», sagte sie ungerührt. «... Er spielt gern Bäuche-aneinander-reiben.»

Henry hörte das gedämpfte Poltern von Schritten auf der Holzbrücke. «Magst du das auch?»

«Manchmal», sagte Melinda. Sie strich sich das Ende einer Haarsträhne von der Wange. «Aber eigentlich stehe ich nicht drauf, mit ihm solche Spiele zu machen.» Sie sah mit gerunzelter Stirn zu ihrem Vater auf. «Er wird wütend, wenn ich nicht mitmache.»

«Was kümmert dich das? Macht es dir was aus, wenn er wütend wird?»

«Na ja, ich möchte nicht, daß er allzu wütend wird. Ich will ja, daß er mit mir spielt, wenn ich mich langweile.»

«Ist es so schlimm, wenn man sich langweilt?» sagte Henry. Seine Stimme war lauter geworden.

«Kommt drauf an.»

*Sie will mich dafür bestrafen, daß ich sie verlassen habe*, dachte Henry. *Du lieber Himmel.* Er nahm sich vor, etwas über verhaltensgestörte Kinder zu lesen. Er beschattete mit der Hand die Augen und sagte: «Du gehst nicht mehr in die Besenkammer!»

Melinda stieß ein verblüfftes, unwillkürliches kleines Lachen aus. Sie starrte ihn mit rosiger Verwunderung an.

«Was ist daran so komisch?» fragte Henry.

«Du!» rief das Kind. «Was du denkst! Du willst mich küssen!» Auf ihrer Stirn hüpften Haarsträhnen im silbrigen Licht. Sie versteckte Mund und Wangen hinter ihren Händen.

Das sonnenbeschienene Panorama wurde zu einem prächtigen Oval zusammengepreßt, in dessen Zentrum das zum Teil von ihren Fingern verdeckte Gesicht seiner Tochter schwebte. «Du hast recht», sagte Henry erstaunt.

Ein Schauer lief über die Schultern des Kindes; ein Ton, halb erstickter Schrei und halb Gelächter, drang zwischen den Fingern hervor.

Rechts und links der Kanäle, am Rand seines Blickfeldes, erhob sich die Stadt Venedig bebend auf ihren unsicheren Inseln, bestürmt von den gierigen, beschützenden, herb riechenden Wellen des Meeres. Er küßte Melindas Hände, und als sie sie wegnahm, küßte er ihre Wange, ihre Nase, ihr Kinn.

Die Gondel trieb auf das seewärts gelegene Ende der Piazetta zu. In jener Erschöpfung, die dem Lachen folgt, ruhte Melindas Kopf an Henrys Brust. Ihr Arm lag auf seinem Bauch. «Wir sind an der Piazza», sagte Henry.

Melinda setzte sich auf und fuhr sich mit der Hand über das Haar. Benommen betrachtete sie den nahenden Anleger, die steinernen Linien der Perspektive, die sich hinter dem geflügelten Löwen weitete, den Palast mit seinem Rautenmuster, das hübsche Durcheinander aus byzantinischem Krimskrams, die bronzenen Pferde, goldenen Kuppeln, Spitztürmchen, Fahnenstangen und Tauben. «*Ciao*, Piazza», sagte das Kind freundlich. «*Ciao*, Mittagessen. *Ciao*, Tauben.»

*(Unschuld)*

# DIE UNLITERARISCHE STADT

Die venezianische Kunst ist nie literarisch gewesen, nicht einmal Bibel-zentriert. Die Statue des heiligen Markus am Markusplatz zum Beispiel leugnet fast alles Geistige, Ideale oder Symbolische: sie steht im Hier und Jetzt. Zum Schreiben gehören allzuoft, immer vielleicht, weniger Emotionen und Dramatik, weniger Realismus und an der realen Welt überprüfbare Gefühle, als man hier akzeptieren konnte. Alles Schreiben tendiert zu stark zum Allegorischen, verweist zu didaktisch auf das, was daraus folgt. Geld hatte in Venedig mehr zu sagen als die Sprache. Geld ist eine universale Metapher; es kann eine Metapher für alles sein. Hier war sie es – das Geld und eine private Kultur, die keinem gehörte, keinen besonders nötig hatte oder fürchtete. Behauene Steine, Schiffe und Wasser anstelle von Büchern. Wasser ist seiner Struktur nach in jeder Richtung symmetrisch, wußten Sie das? Das sagen uns die Physiker. Realistisch, wie Venedig war, ertrug es kaum Symbolisches. Hier geht es fast so wortwörtlich zu wie in Jerusalem. Der reale Berg Morah dort liegt vollständig innerhalb der Tempelmauern. Der gesamte Berg von Abraham und Isaak! In Jerusalem ist der reale Christus zu Hause, nicht der römische, der Idee ist. Jerusalem, habe ich gelesen, wurde auf sieben

Hügelkuppen erbaut: ein Archipel von Gipfeln. Venedig meint alles wörtlich – echte Relikte, echter Marmor – und andererseits ist es auch phantastisch, denn das Buchstäbliche schlägt ganz unverhofft ins Phantastische um, in Verirrung und Eros, die niemals *ganz und gar* wortwörtlich gemeint sind. Venedig besteht ganz und gar aus Fakten und Handelsfakten, gehandelt wird jedoch zu einem beträchtlichen Teil mit *Wie fühle ich mich* und mit *Wie sehe ich aus* – also mit etwas, das religiöser Selbsterforschung gleicht. Aber man blieb immer realistisch genug, um ohne Diktatoren auszukommen. Seht ihr, nur die Phantasie kann sich einen vollkommenen Menschen ausmalen, oder eine so vollkommene Situation, daß dieser Mensch oder diese Situation als himmlisch oder gottgegeben oder zur Herrschaft fähig erachtet wird … Venedig hatte niemals einen Hang zum Utopischen oder Apokalyptischen. Die Vereinigten Staaten dagegen sind utopisch-apokalyptisch, was seit unserer Gründung großen Einfluß auf die Franzosen hatte, dann auf die Deutschen, dann auf die Russen, dann auf Marx und dann auf die Faschisten. Auf Musso, Pound & Co. Venedig hatte nie jene Probleme mit Alkoholismus und Drogen, die durch zuviel Phantasie, durch absolutistische Phantasien entstehen. Venedig war auf Vergnügen, auf Macht und Sicherheit aus. Skurril ausgedrückt: Venedig war wie eine große alte Schauspielerin, unheimlich vital, gerissen und skrupellos … Nein, damit komme ich nicht weiter. Venedig ist jedoch keine Stadt der Einsamkeit; hier einsam zu sein ist schwierig. Vergnügen, nicht Utopia –

Macht, Geld und Sicherheit, nicht die Apokalypse – dieser kleine Kern einer Händlerrepublik, die sich anglifiziert hat und Teil der Vereinigten Staaten ist, die sich so skeptisch gegenüber Phantasie und Anmaßung verhält, sie bekämpft auch die Literatur und die Wichtigtuerei und die Tagträume von Erzählern und Denkern ... Manchmal denke ich mir, Venedig und die Venezianer haben sich gesagt, wir müssen realistisch sein, aber die Realität läßt sich schwer ertragen; nun ja, dann nehmen wir eben jede Chance wahr, die Realität herauszuputzen; wir wollen realistisch mit der Phantasie und mit dem Vergnügen der Bewohner umgehen, dann werden wir überleben.

*(PF, frühere Fassung)*

VENEDIG WAR nie eine Stadt der Literatur. Es kann die notwendige Einsamkeit nicht bieten. Und die königlichen Kindheitshoffnungen verflüchtigen sich hier, inmitten der Statuen und Fresken, Engel und Putten, Spione und Clowns, Pantalones und Kuppler. Inmitten auch der Mythen von Helden, die der Pflicht genügen. Der reiche Apparat von Emblemen und Zierfassaden, gesprenkelt mit gemeißelten Köpfen und friedlichen Monstren, bildet, umgeben von Wasser, eine ihrer selbst bewußte Poesie der Narretei und Spiele.

Als ehrgeiziger Soldat und Seeherr hatte man anderswohin zu gehen, um militärischen Ruhm zu erringen, und man brachte die Neuigkeiten von dort mit hierher, in den Rialto, wo die Hiesigen Geld daraus schlagen konnten.

Ich fragte einmal meinen Vater, warum in Büchern hier und da vom *glücklichen Venedig* die Rede sei. Und er kaute auf seiner Lippe, auf seinem da schon vernachlässigten Schnauzbart, und sagte dann, in seinen Augen sei Venedig etwas Subtrahiertes, ein Packen Negationen – das heiße, nicht düster, nicht strikt, nicht-alles-mögliche … Und alles zusammen ergebe Glück, oder so etwas Ähnliches. Und das, sagte er – daran erinnere ich mich genau –, könne niemand verstehen, der nicht Romane sei.

*(PF)*

# ALT IN VENEDIG

Während dieser Zeit erwachte ich eines Nachts nach einem Liebestraum, kleidete mich an und ging in den Regen hinaus. *An jenem Tag fiel in Venedig Regen.* In Venedig tränkt Regen den Marmor der Kathedrale und läßt das Pflaster der Calli stellenweise in tiefen Pfützen verschwinden. Und die Kanäle seufzen und knistern. Jenes geräuschvolle Aufleuchten, wenn im Regen die Sonne halb durch venezianische Wolken dringt, gleicht dem geräuschvollen Aufleuchten von Gefühlen, *ladida-tralala*, wie in einer komischen Oper über Treue und Liebe, nicht wie in einer *großen* Oper – das wäre eine andere Geschichte. Eine Wasserratte, klein und wuselig in dem zu Streichen aufgelegten Regenlicht, läuft am Rand der Pescheria entlang, die huschende Verkörperung animalischer Gewitztheit. Arbeiter richten die Marktstände ein. Auf schimmernden Betten aus Eis liegen die Trophäen der Fisch-Massaker übereinander auf Tischen unter dem Dach der Halle ohne Wände. Die Fische, mit silbrigen Leibern, offenen, roten Mäulern und starren, unwirklichen Augen, riechen nach Salzwasser, nach Meer, nach Schiff und sind sehr schlaff, reglos und glänzend.

Die Modergerüche eines frühen, nassen Morgens, der Geruch des feuchten Venedigs, der Geruch nach Fisch und der Erd- und Laubgeruch von Gemüse, die Schwaden von Dieselabgasen aus den Auspuffen der bulligen Lastkähne, die eßbare Waren zum Kai bringen ... die Gerüche des Canalazzo und schmutzbefleckte Hände bei Regen ... der Salzgeruch und mit Fischblut befleckte Hände ... Die Augen und Hälse der anderen Lebewesen hier ... Die Farbnuancen von Gesichtern und Steinen im Regen ... Ich, erhobenen Kopfs im Regen, unter einem grauen Schirm, meine noch vorhandenen Haare feucht, meine trockenen Lider erfrischt ... Ich bin jemand, der durch einen Fischmarkt geht, grotesk proportioniert, mit schillernden Schuppen bedeckt, stinkend inmitten der braungeschwänzten, spitzflossigen Fische, der bleichen *calamari* und gemächlich stelzenden grünen *aragosti* ... Im Regen werden die Karotten, Tomaten, Äpfel, weißen Selleriestangen und grünen Kohlköpfe mit Papier bedeckt, nachlässig gegen den leichten Regen geschützt ... Ich bin nicht klug. Ich bin lediglich am Leben. Carlo Emilio Gadda hat meine Stimmung geprägt ... Wäre er hier, vielleicht verstünde er mich, der ich plötzlich den Kopf senke, mich vorbeuge und auf die Pflastersteine unter mir starre, um meine Tränen, meine Wut, meine Verlegenheit, mein Verlangen, meine Dankbarkeit zu verbergen. Ich bin zerrissen von Verlangen nach jener anderen Welt des Gefühls, die niemand je gekannt hat, nach jener anderen Welt der Vollkommenheit, der Welt reiner, absoluter Liebe, ohne Gier, ohne pochende Herzen und nur singender Münder. Ich bin krank vor Verlangen – ich, dem ein Leben des Verlangens nicht beschieden war.

Nach einer Weile hebe ich den Kopf, trockne mir die Augen, zünde mir eine Zigarette an ... Ich rauche selten, doch in letzter Zeit habe ich damit begonnen. Der beißende Rauch, das Streichholz trocknet mir die Augen. Die unruhige, windgepeitschte Oberfläche des Canalazzo, in der feuchten Luft geriffelt und gefältelt von flachen Wellen, liegt ein paar Schritte vor mir, hinter der steinernen Anlegestelle, den Kistenstapeln und den lungernden Gestalten in Gummiumhängen und Strickmützen. Die düstere, unruhige Luft ... auf einmal sprüht und speit und spritzt sie ... prickelnd trifft Feuchtes auf mein Gesicht, mein jetziges Gesicht. Die Töne der Regentropfen auf dem Schirm und mein schwach geräuschvolles Atmen unter dem Gewebe, das sanfte, Stoff-gewandete Echo und Venedig, die Rialto-Brücke, durch den Regen hastende Gestalten vor dem triefenden, geschwungenen Rand meines Schirms ... der emsige, unreine Regen und ein alternder Mann in einem Anfall von komischem Verlangen, endlich zu wissen, was *wahre Liebe* ist, all dies zusammen führte – endlich – zu der sehr starken, sehr unvernünftigen, sehr komischen Überzeugung, ich selbst sei dafür ein Beispiel, vielleicht kein gutes Beispiel, doch die Liebe ist so töricht, so gemein, ein so allgemeingültiger Maßstab für Lebendigkeit, daß jeder dafür ein Beispiel sein kann, sogar ich, sogar wenn ich nicht das beste Beispiel der Welt abgebe.

In der regenschweren Atmosphäre, in Venedig, an der Rialto-Brücke, wo der Wind an meinem knatternden Schirm ruckte und zerrte, verging ich vor Hunger danach, unwandelbare Liebe zu empfinden und ein Mensch von entschiedenen Qualitäten, entschiedener Loyalität, entschiedenen Gefühlen zu sein, im gesicherten Besitz eines treuen Herzens und verschwenderisch erwiderter Zuneigung.

Eine Sache so genau im Licht der Wahrheit – und des Geistes – zu betrachten, war christlich. Der Geist in Verbindung mit dem ganz irdischen, vielleicht begnadeten, vielleicht gequälten Körper ... diese Betrachtungsweise war venezianisch.

An der Riva del Carbon, an diesem überfüllten, schäbigen Ort inmitten der ersten Touristen, der Souvenirläden, angesichts der nahebei zwischen Pfosten aufgereihten, schwappenden Gondeln und der in die regenschraffierte Luft ragenden Rialto-Brücke, dachte ich daran, daß der spekulative venezianische Handelssinn einem schweifenden, der Selbsterforschung hingegebenen Geist entsprungen war. Venedig, mit Handel den Wellen entsteigend, war durch den Katechismus geübt in ausgetüftelten Spekulationen um die Seele wie um Waren. Die Selbsterforschung und der moderne Kapitalismus haben die gleiche Wurzel.

*(PF)*

ICH TRAT auf die Loggia und hinein in eine Szene von Booten auf von der Sonne blank versilbertem, graublaugrünlichem Wasser – der Canalazzo gegen Ende des Nachmittags. Ich war alt, besessen vom Alter, und in dem Gleißen sah ich ermüdete, alternde Fassaden den immensen, schmutzigen Wassergraben säumen, komprimierte Schäbigkeit, aber doch recht hübsch ... Dann kippt etwas um, vielleicht wegen des Kokains, und ich befinde mich im wasserumgebenen Venedig, in dieser bebenden Stadt des Alters und der Zerbrechlichkeit. Und in dieser alten Stadt alt zu sein bedeutet, eine visuelle Musik von grandioser, geisterhafter Angemessenheit um sich zu haben. Meine Erinnerungen an frühere Zustände, sogar die Schattenbilder der Gebäude, wie ich sie einmal kannte, sind da – als Rahmen dessen, was ich hier vor mir habe. Solche Gedächtnisbilder sind irrwitzig wirklich, so wirklich wie das, was hier vor mir ist, aber sie gleiten rasch ins Geisterhafte, ins Gespenstische ab, gehen als Erscheinungen verloren wie alles, was bis jetzt in dieser Stadt dagewesen, wie all das, was verloren ist; und dennoch, in ihrem augenblicklichen Gewand vollzieht die Stadt langsamer ihre schwindelerregenden Figuren von Kontinuität.

Das Exzentrische an Venedig ist, daß hier die Koexistenz des faktisch Tragischen und Lustvollen fehlt – beides zusammen tritt in dieser Geschichten auflösenden Stadt nicht auf. Etwas abwegig Süßes gehört zum venezianischen Stil, die Abwesenheit von Anklage und Klage, nicht durchweg, aber doch zumeist – die Abwesenheit des Klagens geht mit der Abwesenheit von Kälte einher. So daß man voll Wärme klaglos ist – auch das ist eine Fasson, lebendig zu sein.

Die raffinierte, irdische Anmut und Nachsicht, die virtuose Dankbarkeit, die in den großartigen Kirchen zutage tritt, das so großzügig offerierte Vergnügen bilden die abwegig sentimentale Seite dieser kriminellen, unverschämten, unerschrockenen Stadt. Die freundlichen Züge werden zum obskuren Schleier dieser kuriosen, schäbigen, milden Prahlerin, lassen die architektonischen Details der alten, verblassenden, verblaßten Stadt in gedämpftem Licht erscheinen. Ich bin nicht wütend ... Was ich empfinde, läuft auf sanfte Sehnsucht hinaus, vermengt mit Melancholie und Wissen ...

*(PF)*

IM MORGENGRAUEN wurde ich heute wach, und obwohl noch fast Dunkel herrschte, tat sich die Stadt vor den Fenstern meines Zimmers sogleich kund, mit ihrem Wasser und ihren Fassaden, mit vertäuten Booten und solchen, die schon geschäftig über die glimmende Oberfläche des dunklen Wassers glitten. Heutzutage wache ich ein-, zweimal auf, bevor ich wach werde. Oft träume ich, ich wäre wach, und empfinde das Halbdunkel und mich selbst schon als real, wenn ich mich noch gar nicht in der realen Welt befinde ... Dann habe ich nicht mein wahres Alter. Ich spüre so etwas wie das leise Trappeln meiner Träume, wie Pferde an einem Strand, auf dem Lido oder dem Festlandsrand der Lagune, Pferde und bewaffnete Männer, oft Orientalen, gewöhnlich stumm. Ich bin mit mir darüber zu Rate gegangen, wer die stummen Orientalen sein mögen – Hunnen vielleicht. Ich bin bösartig, *hungrig* nach einer durchschlafenen Nacht. Jedenfalls sind es Männer aus dem Osten, keine Lombarden-Krieger, die mich in den Feudalkriegen meiner Karriere, meiner politischen Position mit plumpen Bombardements befehden. Keine Goten und Vandalen. Keine Mailänder. Sondern der Tod. Oder die Toten. Oder die barbarischen Jungen, die über Nacht in großer Zahl einfallen wie Tataren und Mongolen. Und meine rauhen Atemgeräusche sind das zornige Schnauben und Kriegsgerassel, das von meinen nächtlichen Träumen, von solchen Invasionen zurückgeblieben ist. Wie Ruskin schreibt, lag Venedig um die Mitte des neunzehnten Jahrhunderts bei Ebbe in einer Lagune von Schlamm, Seetang und bebendem, unverläßlichem Schlick. Trostlos und nicht zu durchqueren. Meilenweit durchzogen von Rinnen, Gräben und mäandernden Adern tieferen Wassers, das bei Flut anstieg, die Wasserpflanzen überschwemmte, an ihnen zerrte und die höheren Schlammhügel erglänzen ließ, und dann bedeckte es alles mit seiner zitternden Spiegelsymmetrie, mit Spiegelungen des Himmels. Dies ist die Ankunft der Schönheit. Der Schönheit der Stadt im Meer.

Als ich erwache, habe ich dann das Gefühl, der Wut und Erregung, der leidenschaftlichen Verengung und säuberlichen Eindeutigkeit des Traums entkommen zu sein.

Ich grapsche nach dem Tag, nach der Bestätigung, daß ich tatsächlich noch am Leben bin, daß mein Dasein tatsächlich in den heutigen Tag hinein fortdauert – in

Wahrheit erwache ich nur in Stufen, die Gedanken und Wahrnehmungen säumen ... Hier ähneln die Stadtgeräusche den Atemgeräuschen, den Geräuschen einer Person, die das Bett mit einem teilt; das Seufzen, Schürfen, Knirschen der Matratze, das Rascheln der Laken, Klikken der Lider, das Schmatzen und Klatschen von Wasser, das Fauchen des Windes, das Klacken von Schritten in der Calle ... hier nähern sich die Geräusche wohliger Gefährtenschaft einander seltsam an.

Nun, da ich alt bin – wenn freundliche Menschen sich auch zu sagen beeilen: *Aber Sie sind doch nicht alt* –, kleide ich mich stets mit Sorgfalt. Ich zog eine lockere Hose an, klassische Espadrilles, einen dünnen Pullover. Mit einem Blick in den Spiegel überzeugte ich mich, daß ich nicht wie ein Wahnsinniger oder Grübler wirkte. Ich sah nicht knittrig verstimmt oder verängstigt aus. Ich fügte meinem Habit Sonnenbrille und einen weichen Hut hinzu; mein öffentliches Erscheinungsbild war semi-italienisch.

Ich ging hinunter auf den Campo und lenkte meine Schritte landeinwärts – warum, weiß ich nicht. Es hing wohl damit zusammen, daß ich noch nicht ganz wach und zu hellsichtig war. Venedig im Morgenwind, im Halblicht, mit seinen Klappjalousien vor Fenstern und Geschäften, kommt mir oft wie ein Intarsienbild voll flirrender Lider vor, zumal angesichts der mir entsetzlich erscheinenden Wachheit der weiten Wasserpanoramen, der murmelnden Schlaflosigkeit des Meeres.

Ich ging in die Richtung, die von der nackt dargebotenen Idee des Seefahrertums wegführt ... Das absurde Ge-

wirr von Hintergassen, die hohen Höckerbrücken und toten Kanäle der wachschlafenden, Frühlicht-betupften
Inselkerne von Venedig repräsentieren nachsichtig ge-
währte Zuflucht, *wirre* Nachsicht. Im Halbschlaf geht
man durch die leeren Calli. Doch Ideen und Sensationen
picken an einem, und man wird ebenso wach davon wie
von der bloßen Tatsache, daß der Blick der Geliebten auf
einem ruht, daß sie einen mit *flatternden* Lidern betrachtet. Solche nicht-abstrakten Sensationen berühren einen
buchstäblich so wie die Präsenz und der Blick eines le-
bendigen Menschen. So wird man in Venedig – dieser am
wenigsten *platonischen* von allen Städten, wo die Erfolgrei-
chen für ein Jahrtausend ohne jeglichen Sinn für etwas
Absolutes auskamen und in einem Maße intelligent waren, das anders als materiell nicht zu beschreiben ist –
anregend gekitzelt von den Ideen im unbeschnittenen
Wust und Wuchern von Straßen und in den schweifenden Fassaden, die sich den schweifenden Routen von
Calli und Kanälen anschmiegen.

Venedig ist menschlich und exzentrisch, so wenig be-
rührt vom Geist klassischer Ordnung, daß es von jeglichen realen Folgen des modernen Absolutismus frei zu
sein scheint.

Nicht weit vom Teatro La Fenice entfernt erhebt sich
das Ateneo, das soviel anmutiger war, bevor es restauriert wurde, soviel reizvoller einst mit seinen brüchigen
Mauern aus teurem istrischem Stein und seinen ver-
schnörkelten Simsen, nun grellweiß, skandinavisch, klar
konturiert und in hastigerer Handwerksarbeit mit billi-

gerem Stein verkleidet als zuvor ... Die Skandinavier vor allem haben es gerettet. Es trägt ihren Stempel von Reinlichkeit. Doch die neuen, weniger kostbaren Steinplatten sind maschinell zugeschnitten und zu glatt. In seiner modernen Inkarnation ist die Schönheit des Gebäudes gedämpft. Lichtstrahlen tasten nach den Dachfiguren mit ihren Bronzerequisiten, der Bronzeposaune, dem bronzenen Heiligenschein. In Venedig fühle ich mich in meinem Leben heimisch – was mein nervöses altes Herz und die Emotionen zum Wallen bringt, mit denen es den realen Morgen spiegelt, den noch zu erleben mir bestimmt war.

In Wahrheit lebt man jedoch in der *Zeit*; in einer Stadt liegt unser Ich nur für eine gewisse Zeit vor Anker: in Venedig-in-einem-bestimmten-Moment. Als Junge lief ich nach der Schule und ihrem seßhaften Denken – ihrem Platonismus, ihrem Thomismus – hier in den Calli in die Stunden hinein, wie ich anderswo in Büsche und Wälder gerannt wäre; hinein in die rauschende Ebbe und Flut flüchtiger Reflexionen, hinein in jungenhafte Vergleiche – schneller oder langsamer, komischer oder weniger komisch, größer oder kleiner ... Aus einflußreicher Familie oder vom Glück verlassen ... Mehr oder weniger zu ängstlich, mehr oder weniger schwülstig ... Mehr oder weniger unzuverlässig, oft auf diesem oder jenem Feld geschlagen oder letzthin ungeschlagen. Daran erinnere ich mich, und es ist, als würde man auch jetzt sanft gebeutelt oder neckisch geschlagen; manch ein Erinnerungsschlag ist kein Scherz.

Ich kenne Männer, die leicht wahnsinnig davon geworden sind, daß sie den Klauen dieser Vergleiche nicht entkommen können. Zu diesen Vergleichen wird im Überfluß phantasiert, im Film, im Sport, im politischen wie im geschäftlichen Leben, in der Grausamkeit, in der Liebe. Manche Frauen sind über *Vollkommenheit* entrüstet … keine Vergleiche mehr, es sei denn solche zu ihren Gunsten, die ihnen Vollkommenheit zusprechen.

Die Piscina Frezzaria liegt im Schatten. Auf einem Fenstersims blühen Pflanzen. Jenseits des Rio di Barcaroli steht ein Haus, in dem als Kind Mozart wohnte – sein ehrgeiziger Vater, der ihm in der Musik Europas Geltung verschaffen wollte, brachte ihn auch nach Venedig. Die hohe Bogenbrücke über den Kanal wird repariert, Plastiknetze verbergen ein Geländer. Die friedliche Wasserfläche des Kanals ist mit Intarsien von Lastkähnen und Fassadenspiegelungen in schwankender Perspektive geschmückt. Mitten im Meer, in medias res, mitten im dramatischen Geschehen segle ich in dieser aus zwei Kommas gebildeten, Klauen tragenden Stadt in das junge Licht eines weiteren Morgens. In der historischen Scherbe dieses Morgens, in diesem Fragment der Weltgeschichte, ist das schmale Band mäandernden Wassers hier in der amphibischen Stadt ein Reservoir feuchter Gerüche, nach Nachttau und trocknendem Stein. Als visuelles Parfum berühren zarte Sonnenstrahlen das Wasser und mein Bewußtsein, das ungelenk und unzusammenhängend in mir auf seinen eigenen Reiserouten segelt. Ich bin allein, von ein paar nicht sehr lauten Seevögeln und einigen stummen, nicht zwitschernden Spatzen abgesehen … Ah, dort vorne in der Calle beginnt ein Straßenkehrer zu pfeifen; und ein Müllmann ist mit seinem gummibereiften Karren unterwegs. Hinter einer Kanalbiegung außer Sicht wartet vertäut der Kahn des Müllmanns: jetzt höre ich den leerlaufenden Motor. Ich hatte das Geräusch bisher nicht bemerkt, so laut war in der Stille mein Herz gewesen.

Die Vergleiche sind seltener geworden. Doch wie ernst sie nun sind! Ich bin so alt wie der Müllmann, aber reicher. Ich bin, proportional betrachtet, älter als Venedig, bin dem Tod näher, aber weniger Schändungen ausgesetzt.

Die beschwörende, scherzhafte Feierlichkeit von Eliots herber Sentimentalität – *Zeit. Zeit. Beeil dich, es ist Zeit* – stützt meine Abwehrkräfte gegen die Wut, die Wut eines alternden Mannes, gegen die Schäbigkeit des Lebens, die vage, verblichene und doch noch immer lebendige Gier von Venedig … Mein Gott, nichts will ich erobern. Ich starre auf die Kindheit. Schulstunden von soundsoviel Minuten, die Momente von Nervosität, wenn ich im Unterricht etwas sagen mußte, meine Feigheit bei den Boxkämpfen, meine Flirts, die Früchte, die ich – *du traust dich nie* – von einem Stand gestohlen habe.

Ich schaue ins Licht; ich kneife die Augen mit angestrengter, unglaublich dringlicher, ein wenig tränender Konzentration zusammen, längst nicht mehr denkend, vollkommen auf die Erinnerung konzentriert. Ich habe mich in jener hastigen anderen Kategorie von Gedanken verloren, in denen ich Schläge austeile und hinnehme, *den Tränen nah*, Tränen der Wut, auf der sonnigen Piazza, in jener anderen Form von Raserei, in einem Kampf, in jenem seltsam verlorenen Gefühl, bedeutungslos zu sein, wenn ich nicht Kraft, Durchhaltevermögen, Gemeinheit beweise; wie animalisch verblüfft – *Was hat denn das zu bedeuten?* – ich war, wenn mich ein Schlag körperlich oder geistig aus der Balance warf – der Schmerz, den ich trotz der partiellen Betäubung verspüre – die krausen, vorgeschobenen Lippen – die eingezogenen, verschmälerten Lippen – o mein Gott, die mißhandelten Lider, die kaputte Nase, die blauen Flecken auf der Brust, die erektile Pein, den Kampf in einer Woge von Heißblütigkeit, Furcht und Willenskraft bis zum Ende durchzustehen …

Die Zeit wogt und schwappt, bespritzt mich, ertränkt mich, den pazifistischen Narr … Meine Momente sind mit mir identisch, sind meine Arme, mein Gesicht. Noch immer lebe ich wie ein Junge in der brausenden Gischt der offenbarten Zeit, nur lebe ich jetzt am anderen Ende meiner Geschichte.

Venedig! Mein Körper, meine Seele, mein Geist wanken im Erinnerungsfieber dieses Morgens. An meine phallische Verlegenheit erinnere ich mich, an meine heimliche Bereitschaft, auf die Zwänge der Rivalität einzugehen, an den bestürzten – und partiell *hysterischen* – Wunsch, den neidvollen, anmaßenden Vergleichen zu entkommen. In der melodramatischen Stille der frühen Stunde gehe ich krumm und fast blind dahin, erwache aus diesem Zustand seufzend und achte scharf darauf, daß ich lässig und mit festem Blick weitergehe ... *In unserem Venedig hatten wir nicht die Zeit, einander zu umwerben. Wir waren fast schon protestantisch, so rasch bei der Sache, so überstürzt.*

Durch die Kolonnaden gehe ich, an Schaufenstern vorüber und die drei Stufen hinunter auf die erst schattige, dann sonnenbeschienene leere Piazza. Das grelle Licht schlägt mir ins Gesicht, trifft Stirn und Wangenknochen. Am anderen Ende der weiten, gepflasterten Fläche schwebte vor mir in einer Lagune von blendendem Glanz San Marco. Ich spürte, daß ich die Augen verdrehte wie bei einem Faustkampf. Wie vergleichsweise unverändert die reizvoll bizarre Fassade von San Marco doch ist, in elf Jahrhunderten von Korrekturen nahezu verschont geblieben! In keiner späteren Ära der Neuzeit mit einer modernen Fassade versehen, von keinem nachfolgenden Grundgedanken angetastet, eine unrevidierte, eine *erfolgreiche* Idee, so lange Zeit hindurch bewundert und akzeptiert – verwirrend für jemanden, der von einem Moment zum nächsten lebt.

Mit Kriminalität ist sie umhüllt. Sie trägt einen Mantel aus gestohlenem Marmor und entführten Statuen. In Diebesgut gekleidet und bleich im grellen, frühen Licht kurz nach dem Morgengrauen, in den ersten Sonnenstrahlen des Tages, bietet sie sich mit hehrem, unbeseeltem Selbstvertrauen unvermindert verführerisch dar ... Es war nicht auszuhalten. Die Spuren oder Nachwehen des Erfolgs überdauern in Venedig, eingebettet in den Fächer von architektonischen Realitäten. Dies ist die überlebende Schale eines alten, kriminellen Glaubens, das versteinerte, intarsiengeschmückte Gehäuse talentierter Wachsamkeit.

Venedig besitzt keine heidnischen Wurzeln. Von Anbeginn an ist dies die Stadt des christlichen Erfolgs.

Da stand ich – zum Opfer, zum Märtyrer geworden (meiner Stimmung nach, wohlverstanden), gefangen von dieser tausendjährigen Zerbrechlichkeit, vom unangenehmen Zauber ihrer süßlichen, ganz und gar unrömischen Schönheit.

Das Licht der Frühe gleißte auf dem gebauschten Marmorschaum der Diademe über den Türen und zwischen den Aposteln auf der Dachhorizontale. Die faden Kopien der wundervollen byzantinischen Rosse trabten gemächlich im Schatten. Ich bin meine Anfälle von frommem Fieber und von Panik leid. Ich könnte den Tod sogar willkommen heißen.

*(PF)*

STUMM LAG ich da, abgeschottet, eingeschlossen ins Ersticken. Ausgeschlossen von der gemeinschaftlichen Atmosphäre der Welt.

Wie ein Venedig von noch wieder anderer Gestalt ist dieser Tod, diese unglaubliche Insel, dieses schrumpfende und sich weitende Venedig der Dunkelheit, Isolation und luftlosen Selbstverurteilung, aus dem die Schätze der Welt schwinden ... Die Welt entschwindet wie eine Uferpromenade ferner Lichter, übergoldet, mit über das Wasser wehenden Gitarren- und Flötenklängen und Mädchen in weiter Ferne.

*Für die Welt zu sterben*, wie in Gedanken oder in klösterlicher Versenkung, entzogen allem politischen und kulturellen Wandel und *schlotternd* ungeleitet, unbeschützt ...

(PF)

ICH SITZE hier und horche auf das Ticken meines Herzens. Hier in Venedig ist die Zeit eine unvorstellbar geschmeidige – wenn auch wässerige – Liebkosung, natürlich erfüllt von Licht und bewegten Glimmerpünktchen. Fast wie Licht erwärmt sie, die Zeit hier, wo sich die Geschichte bei Tag und Nacht in hübsche Monumente, monumentale Fassaden und Steinfiguren von beträchtlicher Anmut kleidet, in einer Stadt voller solcher Monumente, einer Stadt, so in das Wasser eingelassen wie ein steinernes Schiff im Traum und bei Nacht und bei Tag erleuchtet, damit sie ihre Anmut in eisigen Winden und im Nebel, in sommerlicher Hitze und im Frühlingsleichtsinn selbst sehen und fühlen kann. Die bleibende Klugheit der Liebkosungen, die in edle Simse, elegante Fenster und wohlbehauene Stufen eingeschlossen ist, das ausgetüftelt Schöne und Proportionierte mit seinem nie endenden Vermögen zu vergnügen, gewährt oft heftige Wonnen – sogar Narren, sogar mir.

Im Moment bedaure ich nichts. Im Moment. In diesem Moment. Ich vermisse die alten Farben der Steine hier, die Farben aus der Zeit, als ich hier jung war, die alten Geräusche von Menschen auf den Calli und Fondamente, die anders klingenden Schritte, die alte Geschäftigkeit, den alten Tonfall einheimischer Stimmen und die zudringlicheren, bunteren Tauben im Licht der Kindheit, das gellendere Geschrei von Vögeln im Garten, die auf dem Canale della Giudecca vorüberziehenden Schiffe und die Ozeanriesen, deren Dimensionen die Stadt schrumpfen ließen, den furchtbaren Rauch der Kohleöfen, die unzähligen Kinder überall ... Ich bedaure das Verschwinden meines Lebens.

In der Ca' Marinention, wo ich sitze und Labyrinthe auf das letzte Manuskriptblatt des Buches kritzle, das zu schreiben ich nach Venedig gekommen bin, an diesem zu allem und zum Schönen hin geöffneten Fenster, welches Venedig – und das Bewußtsein – ist, sehe ich die Mauer jenseits des Campo, die ruhelosen Blätter der niedrigen Bäume auf dem Campo und das sanft ruhelose grüne Wasser des Rio, von bunten Spiegelungen getönt. Über einer Sequenz von Dächern liegt der Campanile der Frari-Kirche mit seiner Spitze noch im Sonnenschein.

Ich habe nicht gewagt, ein seriöses Porträt Venedigs zu versuchen, sondern war bemüht, aus nur schmaler Erfahrung heraus anzudeuten, was Liebe vor diesem Hintergrund ist, im wundervollen Wasserglanz und amoralischen Licht dieses mir lieben Orts. Ich habe nicht gewagt, mich skizzierend diesen Inseln in ihrer täglichen Realität zu nähern, diesen Palazzi und Campi, den würdigen Kirchen und den sie bewohnenden Gemälden mit ihrer zuweilen furchterregenden Schönheit. Statt dessen habe ich aus dem jahrhundertealten Schwelgen der Stadt im Profanen und ihrer Erfindung weltlicher Gnade geschöpft.

*(PF)*

# EINE UNTERWEISUNG

Man ist in Venedig ... im alten, einsamen, durchtrampelten Venedig ... der Hurenkönigin der Welt.

Was hier entsteht, gedeiht nur hier. Sonst nirgends. Es läßt sich nicht verpflanzen ... in diesem schmucken, sonderbaren Winkel des Meeres ... hier befand sich eine Stadt, in der nicht das kleinste gemeinsame Vielfache regierte, nicht die brutale Kraft. Interessant, nicht wahr?

Ein Produkt des Unternehmergeists, wozu übrigens die gerissenen, pragmatischen Venezianer sogar die Liebe zu machen versuchten ... Als Industriezweig nahm die Liebe auf diesen überfüllten Inseln nicht allzuviel Raum in Anspruch, gemessen an der Rendite, die sie abwarf. Die Stadt trieb Handel mit den Frauen, mit ihren schimmernden Brüsten. Und mit den bleichen, übersättigten Männern.

Dann: «Die kleinwüchsigen Venezianer glichen seefahrenden Kindern – stell sie dir doch nur vor – stell dir die kindergroßen Admirale in diesen putzigen Rüstungen vor: kleine alte Männer, in diesem Venedig hier – mit ihren Gemälden und Skulpturen, ihren Pagen, Sklaven und einheimischen Huren. Sie hielten sich anders am Le-

ben als wir. Nur ein paar der Reichen, der reichen Venezianer heirateten – wußtest du das? Sie hielten ihre Vermögen zusammen. Aus Eifersucht ließen die reichen Männer ihre Frauen hohe Schuhe tragen, Kothurne, mit so hohen Sohlen und Absätzen, daß die Frauen nicht gehen, nur tapsen konnten. Sie konnten nicht flink irgendwo hineinschlüpfen. Welch ein groteskes Bild, die großen, großen tapsenden Gattinnen mit blondgefärbtem Haar und die kleinen, scharfsinnigen, eifersüchtigen Männer in diesem klaren venezianischen Licht hier ... Daß sie grotesk waren, bedeutete, daß sie geliebt wurden – im hiesigen Sinn zumindest – in dieser schönen Stadt ... Die kurzbeinigen Großadmirale waren reich und skrupellos ... *Komm, leb mit mir als meine Liebste* – aber auf diese groteske Art. Und ich werde meinen Gelüsten nachgehen – nie wird es mir an solchen fehlen, die sich willig abplakken, um mir Lust zu bereiten. Heute ist eine Sturmflutnacht, *acqua alta*, Touristen waten barfuß durch das kalte Wasser; andere Touristen betreten improvisierte hölzerne Stege; Wolken segeln über ihnen dahin, die Lampen über der Piazza schwanken im Wind ... War Venedig wirklich die Stadt der Entführungen, als die sie bei Shakespeare erschien? Es gab einen Überschuß, eine Überfülle an heiratsfähigen jungen Frauen. Sie wurden in Klöster gesteckt, wo sie sich danebenbenahmen.

Hast du Venedig schon mal aus der Luft gesehen – eine kompakte Masse von Bauten, mit Bedacht wirr angelegt, ohne Flächen, an denen Streitkräfte zusammenzuziehen oder zu kasernieren wären? Byzanz hätte die Lagune niemals als Ersatz für Ravenna gebrauchen können. Der Stadt liegt das offene Meer näher als das Festland; zu Armeen hat sie kein Verhältnis. Sie erhebt sich hinter dem schmalen Sandbogen des Lido, vom offenen Meer wie durch ein Lid getrennt. In einem kleinen Flugzeug braucht man eine halbe Stunde, um die Lagune von einem Ende zum anderen zu überfliegen – eine gewaltige Ausdehnung für einen Stadtstaat. Im vierzehnten Jahrhundert war Venedig auf seine Weise so groß wie Brasilien heute. Die Gewässer der Lagune sind ein Gefäß voll Farben: grün, perlgrau, dunkelgrau, blaugrau, von Gleißen übersprenkelt. Venezianisches Violett erscheint auf Schattenflächen, in farbigen Schlieren und Tupfen. Die Marschgebiete sind da und dort rostrot. Das Wasser spiegelt das Blau und Grau der weiten Ferne wider. Und hier und da sieht man die Grüntöne von Bäumen auf verstreuten Inselchen, verschiedene, bebende Grüns. Und rote Ziegeldächer ... Bis etwa 1600, bevor die Kuppeln errichtet wurden, glich die Stadt in ihren Umrissen ein wenig der Marsch mit aus dem Wasser ragendem Schilf und Gras, den vertikalen Linien dessen, was nicht fließt; und was nicht schwebt; die halmgleichen Vertikalen waren in Venedig mit Leben gefüllte, vollgepferchte Häuser; und dennoch Halmen ähnlich und verwurzelt; außer ein paar der Kirchen, die wie Zelte oder umgekehrte Schiffskörper hoch in die Luft ragten. Die venezianische Liebe stellt einen vor ein Problem. Ist es Liebe, wenn man nicht einen Menschen an meisten liebt?  *(PF)*

# NOTIZEN ZU EINEM VORTRAG
## (1993)

Erwähnen wir zu Beginn den unverbesserlichen Relativismus der Realität. Und bevor wir von den stolz gesinnten Männern der Republik sprechen – über die Frauen, zu denen Dokumente weitgehend fehlen, können wir nur mutmaßen; ihnen setzte die nächste Umgebung und die kulturelle Strategie enge Grenzen –, lassen Sie uns hervorheben, daß das Hauptproblem von Erziehung oder Charakterbildung abwechselnd in dem Schmerz, dem unglaublichen Streß besteht, die Flexibilität und Offenheit einem kompetenten, bereits erfahrenen Ich auferlegen, und andrerseits in der zum Denken erforderlichen Zeit, die uns nie in ausreichendem Maße gelassen wird, selbst wenn wir in die Wüste ziehen.

Und dann bedenke man, was es bedeutet, in Segelschiffen unterwegs zu sein, zumeist entlang der Küsten, und wieviel Zeit zum Denken dies läßt, nur gelegentlich von direktem Handeln unterbrochen; und man beginnt die Mentalität, die Strategie und Politik zu verstehen, die – tausend Jahre lang – die *venezianische* war ...

Diese mentale Qualität, übertragen auf Festlandsaufgaben wie etwa das Regieren oder Publizieren, ist ebenfalls sichtlich venezianisch.

Die öffentliche Autorität, die man erlangen muß, bevor irgend jemand beachtet, was wir sagen – worauf sie in Venedig beruhte (und daß sie niemals, nicht ein einziges Mal, einer Frau übertragen wurde) –, und wie sehr diese Art zu denken und die Tatsache, daß man lange Zeit denkend verbracht hat, einen Mann und ein Volk im Verhältnis zu dessen Zeitgenossen und zu anderen Völkern hervorhebt.

Und die Zeit zum Lesen ist in Venedig nicht vorhanden, und zur Prüfung dessen, was andere zu sagen haben, verläßt man sich auf eine Art von gehobenem Journalismus, der auch eines der Kernelemente der venezianischen Kunst darstellt – einschließlich der Architektur. Die von einem derartigen Journalismus als verdienstvoll dargestellten Ideen zu adoptieren und zu assimilieren, oder sie abzulehnen und zu verwerfen, oder sich ihrer versuchsweise zu bedienen – dies ist die eigentliche venezianische Kunst.

(Venezianischer Prunk in Paris und später in London … die Kanäle von Amsterdam …)

So etwas wie ein anerkannter Kanon existiert im venezianischen Kontext nicht.

Montale (auf Auden anspielend, der in Venedig die Uraufführung von *The Rake's Progress* überwachte): Nie werde ich die Freude erleben, in Italien ein Fremder zu sein. Ich hab's weiß Gott versucht; aber wenn man hier geboren ist, hat man da keine Chance.

Die Zeit und der Kanon. Zunächst einmal suggeriert ein Kanon immer, daß Fragen der Rangordnung und des Respekts möglicherweise zu regeln wären. Dies hängt damit zusammen, welchen Gebrauch man von seiner Zeit macht, jedenfalls in kultureller Hinsicht, wie etwa, wenn man sich entscheidet, bestimmte Texte zu studieren, die weithin allgemein geschätzt werden – also dem Kanon angehören; in Venedig haben wir es jedoch mit einem spritzigeren Sinn für den ordentlichen Umgang mit der Zeit zu tun, mit einem flüssigen Hier und Jetzt, einem Instinkt für das unmittelbar Funktionale, für das unmittelbare Funktionieren, für das Erzeugen von Einkünften, für den souveränen Umgang mit Macht – hier spürt man eine noch unspezifische Potenz, die darauf beruht, daß man am reichsten ist, den Gipfel der Welt bildet ... Nichts anderes nimmt die Phantasie derart gefangen.

Ein sekundärer Aspekt des Status, dem Kanon zugerechnet zu werden, besteht darin, daß dieser Status, ist er einmal zuerkannt, den Argumentationsblickwinkel verändert – Venedig ist nicht in gleichem Maße in den Kanon aufgenommen worden wie Florenz und Rom (und London und Paris).

Katholische Städte vs. protestantische ... das lähmend Grandiose und das Sündhafte ...

*frei gehalten bei der öffentlichen Vorstellung der ersten Druckfassung von* Amicizie Profane
*(vom Consorzio Venezia Nuova in Auftrag gegebene private italienische Vorauspublikation) im Februar 1993*

# VENEDIG-NOTIZEN
(1992)

Ich bin in meinem ganzen Leben kein ernster Mensch gewesen. Ich habe mich weder ernsthaft einer Sache hingegeben noch mich einer Idee gewidmet. Mein Leben hat weitgehend darin bestanden, mich zu erhalten – ein selbstsüchtiges, gleichsam venezianisches Leben.

Die verwirklichten Phantasien von Reichtum und Vergnügen – von Happy-Ends gewissermaßen – sind noch zu sehen, wobei die kommerzielle Wirklichkeit von Happy-Ends im Vermeiden des Bankrotts, der Tragödie besteht … Sehr merkwürdig ist das Fehlen eines Sinns für das Tragische, eines so wichtigen bürgerlichen Moments … für Tod, Verstümmelung, Versklavung, Schmerz und Verlust … Keine Stadt der Martyrologien, außer vielleicht in Form sadomasochistischen Genusses … im Gegensatz zu Rom ist hier alles leicht … (die Bautechniken wegen des Schlicks, der den Grund bildet).

Die horizontale Ausrichtung – wie in Indiana; Notre-Dame zum Beispiel mit dem acht Stockwerke hohen Christus in der Vertikalen – die horizontale Ausrichtung ist ein machtvolles Strukturelement des Wunderbaren.

Die unideale Phantasie, die Venedig darstellt, die realisierten Phantasien von Reichtum und Vergnügen – von Happy-Ends sozusagen – sind noch zu sehen, vornehmlich in Form architektonischer Überreste und des ökonomischen Raunens und Flatterns eines – noch präsenten – kosmopolitischen Geists und des Empfindens, ein Wunder darzustellen. (Man denke daran, wie *alle* großartigen Städte sich endlos selbst als Wunder anpreisen, mit Türmen und Buslinien, Untergrundbahnen und Theatern, Lichtern und Plätzen, Menschenmengen, Lasterhaftigkeit und so fort; man denke daran, wie sie sich auf die Distanz, die Topographie und das Licht beziehen; das Licht von Berlin, das Licht von New York, das Licht von Paris, das Licht von London, und dann die Freiräume über den Dächern oder entlang der Perspektiven von Straßen, von Boulevards.) Und dann die Realität des Familienlebens, von Rufen, von Küssen, einer Liebesaffäre, die Verkündung der manifesten, physischen Realität von Schönheit und Lust, der Entschlossenheit, Phantasien des Willens nach außen zu tragen – die geistigen Genüsse sind oft nicht mehr als eine nichtkörperliche Willensanstrengung, wenn etwa eine Stadt im Wasser erbaut wird, oder wenn die Übertragung auf Reichtum (also auf Geld) vollzogen wird, oder auf Ideen; die Übertragung von allem ist eine Art von universeller (universell menschlicher) Metapher – so geht man hier, in dieser winterlichen Stadt im März, auf wassernahem Grund und Boden, mit der schmerzlich offenkundigen Tatsache um, daß sich ein jedes Leben von allen anderen in seiner Körperlichkeit unterscheidet, in seiner geographischen Wirklichkeit wie auch in solchen Dingen wie Schönheit, darin, wie es Liebe und Gedankliches erlebt, wie einer stirbt oder wo er lebt, in welcher Kultur die Sprache, die Augen, der Körper eines Menschen Gestalt annehmen.

Die kuriose Serie vergoldeter Zufälle, die Venedig erzeugt und die Stadt dann so demontiert haben, daß sie, das Meereswunder, niemals das Industriezeitalter erlebt hat. Mit ihrer arabischen Gotik und Renaissance-Symmetrie bietet die sündhafte Stadt ihre schmutzigen, kostspieligen Lustbarkeiten dar, darunter einen kurzen, morbiden – Wettbewerb mit James und Ruskin, den man nicht gewinnen kann.

Der Reichtum und Komfort – und die Dekadenz, die wahrhaft verruchten Lustbarkeiten – einer Stadt, oder einer komprimierten, magischen Festung, die sich auf einer Ebene oder auf einer Hochfläche oder auf einem Berg oder auf einer Insel erhebt, wehrhaft – all das ist in Venedig vereinigt, der Stadt, die zu ihrer Zeit nüchtern und rein war, ein hartes Leben führte und hart kämpfte, der listenreichen Stadt, der Bank Europas, des Verstandes von Europa, des Bordells von Europa.

Sie ist nicht so ganz italienisch ... sie ist so phantastisch ...

Geld brachte Venedig zum Schwingen; das phantasieträchtige Geld erschuf die Stadt, verlieh einer Bevölkerung Identität, verführte sie, band ihre Loyalität an sich ...

Adriatische Härte und Zähigkeit, thrakische Zähigkeit, Männer und Pferde, Makedonien, Berge und Täler.

Der humanste Staat: Medizin, Mildtätigkeit, religiöse Toleranz (bis zu einem gewissen Punkt) ...

Das Scheitern des Islam – sein Scheitern als Staat, wenngleich nicht im Kriege, sein kriegerischer Erfolg, sein Scheitern als Kultur, in jeder Hinsicht – hat Venedig zerstört.

Das Gewebe der Mauern ... römische, griechische ... Die Intelligenz dieser Stadt.

Zwei Kanäle, der eine gerade, der andere sehr stark gebogen. Der schöne Bogen wurde zum Zentrum der Wasserfestung.

Gewissen und Sicherheit.

Sicherheit war die primäre Idee. Die Interaktion zwischen Sicherheit und Angst ist interessant: was wäre Sicherheit denn als Idee oder Realität, wenn nicht Angst ein Problem wäre, zu allen Zeiten intensiv empfunden worden wäre. Die nicht narkotisierte Seele muß sich in jedem Moment der Gefahr bewußt sein, der Unbegrenztheit der Gefahr und dessen, was die Gefahr in sich birgt: Erniedrigung, Scheitern, Auslöschung ... In den vierzehnhundert Jahren, die Venedig besteht, sind diese Dinge Venezianern im Ausland und in Venedig selbst weniger oft zugestoßen, als sie anderswo geschehen sind.

Attackiert – angegriffen, angefallen, beleidigt, herausgegriffen, verunglimpft, gleichsam erniedrigt, in gewissem Maße geschlagen – umgeben von Politikern und Bestechlichen und Bestechern, von den wütenden Wichten, den Mörderischen und den Raunern, den übelgesinnten Analphabeten, den barbarisch Unbegabten.

Sexuelle Sicherheit – Bumserei in einer geplünderten Stadt – Venezianische Pimmel, venezianische Mösen und Brüste – und Haare ...

Die Bewegungen des Wassers, die Verschiebungen auf der Kugel, während die Erde durch den Raum wirbelt.

*Venice:* Im Englischen wirkt der Name der Stadt visuell mimetisch, das V erinnert an Wellen, *waves*, ist aber, auf den Kopf gestellt, auch das Dach eines Campanile oder ein gotischer Bogen; und das e, n und c beschwören die byzantinischen Kuppeln herauf, das i den gotischen Brückenpfeiler oder den Schaft des Campanile.

# EIN SCHRIFTSTELLER
# IN VENEDIG

29. April 1994

Diagonal liege ich inmitten zerknüllter Laken in einem
riesigen Bett, in einem Zimmer mit geschlossenen Fen-
sterläden, unter einem gigantischen, vielfältig funkeln-
den Kronleuchter aus Glas, in einer Wohnung nicht weit
von San Tomà. Reglose weiße Vorhänge verdecken die
Fenster und die geschlossenen Läden. Ich höre das Tril-
lern, Zwitschern, Girren und Flattern von Vögeln vor
den Läden, die Geräusche von Bauarbeiten an der Casa
Goldoni, das Brüllen von Arbeitern, Kinder, einen
Hund. Ich höre das flaumige Anschwappen und un-
gleichmäßige Sinken oder das Anklatschen des Wassers
im schmalen Rio am Fuß der Hauswand, der Außen-
wand meines Zimmers. Das Zimmer bebt von den sonderbaren, alles durchdringenden Vibrationen des Verkehrs auf dem Canal Grande.

Ich bin in Venedig, aber ich habe die Empfindung, in
einer Kiste zu erwachen, die aus dem Bewußtsein besteht, daß ich atme – nicht eben begeistert, jedoch auf
verschroben komische Weise erleichtert, daß ich nicht tot
bin, nicht mit einem Aufschrei erwache. Die Krankheit
macht mich verschämt; krank zu sein gleicht der Erfah-

rung im Traum, daß man in aller Öffentlichkeit nackt ist. Zusätzlich zu Aids oder im Zusammenhang damit habe ich Bronchitis von der schlechten Luft im Flugzeug auf der Reise hierher. In Venedig war es erst kalt und regnerisch, dann heiß; wenn ich hinausgehe, höre ich überall in der Stadt Leute husten.

Die Geste meines Freundes Giovanni Alliata-Cini gestern in der Calle: mit beiden Händen nahm er meine Hand und wärmte sie. Ein zutiefst bewegendes Todesomen.

10.45 h

An der Landestelle des Traghetto, in ungewöhnlich unverschmutztem, aggressivem Licht, so grell, als enthielte der Himmel winzige Partikel von scharfkantigem, gleißendem Glas, grellen, transparenten Glasstaub. In diesem schneidenden Licht verschwinden oder verblassen die Farben der Gebäude und der Wasserfläche des Canal Grande nicht, sondern strahlen etwas seltsam Praktisches aus, als wären sie herausgeputzt, geschrubbt und poliert – sogar die fernen Bereiche des Panoramas wirken poliert. Anders jedoch im Schatten. Da ist das Wasser stumpf, schmuddlig, dunkelgraugrün, und auf den Steinen ist jeder Spalt zu sehen. Zusammen erzeugen Herausgeputztheit und Heruntergekommenheit eine Atmosphäre von Intimität – eine höchst intime Wirklichkeit, sollte man vielleicht sagen.

Draußen auf dem gewellten Canalazzo, inmitten der Vaporetti, Schuten, Barken und der hübschen Motoscafi, befördern die schwarzen Fährboote, Traghetti genannt – ziemlich plumpe, offene Gondeln ohne Sitze, mit je einem Bootsmann an Bug und Heck, die weitausholend und viel schneller staken als die gewöhnlichen Gondolieri –, ihre dicht gedrängt stehenden, leicht schwankenden Passagiere. In korrekter Stadtkleidung mit Aktentaschen, oder in Jeans und mit Schulbüchern; oder bieder in Rock und Bluse, in den Händen Einkaufsnetze voll Gemüse und in Papier gewickelte Blumen; oder in Arbeitskleidung, Werkzeug im Arm oder Kisten auf dem Kopf balancierend – als stumme, höfliche Gruppe werden diese Gestalten im vollbesetzten Nachen über das Wasser und seine wogenden Spiegelungen befördert. Sehr malerisch, ein Mysterium des urbanen Daseins, diese schwanken Leben im dunklen Boot vor dem Hintergrund von Palazzi und Wasserverkehr.

Sechs, sieben Franzosen, Männer und Frauen von bescheidenem Äußerem – nicht jung, nicht gut gekleidet – kamen energisch die Calle entlang, Rollstühle schiebend, in denen ziemlich junge, deformierte Menschen saßen, zwei davon laut schnaufend, mit verzerrten Gesichtern und zornigen und/oder verdrossenen Blicken. Ein dritter, mit klauenartiger, erhobener Hand, wirkte mörderisch. Doch dieser Eindruck war ein Mißverständnis des Betrachters, eine Fehldeutung von Behinderung und Entstellung – von etwas Kindlichem und vielleicht in Wirklichkeit Unschuldigem, obwohl echte Wut vorhanden gewesen sein mag. Alle schienen sie in einem Käfig ganz eigener Tugend, ganz eigenen, moralisch unabweisbaren Leidens zu existieren. (Einmal fuhr ich mit Ellen, meiner Frau, im Auto durch Indiana und kam in einen Ort, in dem es eine regional bekannte Einrichtung für Leute gibt, die besonderer Fürsorge bedürfen. Diese Leute arbeiteten überall im Ort in den Läden und an den Tankstellen, und alle hatten sich an sie gewöhnt. Ein normaler Bürger des Städtchens erzählte mir, dies sei einmal ein frommer Ort gewesen, der nun jedoch kein Vertrauen mehr in die Religion habe – wegen Vietnam, sagte er. Die Einwohner hatten anscheinend die Religion ersetzt, indem sie sich mit Hingabe der Güte und dem Leiden der leicht Verrückten, der von Geburt an Kranken und der Zurückgebliebenen widmeten. Alle im Ort kamen mir unbestreitbar gut vor.)

Diese Traghetto-Station liegt nicht weit vom Bahnhof entfernt. Kaum gelandet, beginnen die Leute hier oft unaufhaltsam die schmale Calle hinaufzurennen.

Ein Traghetto ist effizient und wendig, aber auch wacklig, und es kostet nur fünfhundert Lire oder einen Drittel-Dollar – die billigste Gondelfahrt in der Stadt. Zusätzlich zu den Wellen, die durch den Bootsverkehr entstehen, erzeugt der Wind zwischen den relativ hohen Palazzi Wirbel und drückt auf die dichte Gruppe von Menschen wie auf ein unförmiges Segel. Auf dem Landesteg dreht sich an der Spitze einer Metallstange ein Windstärkemesser. Ich habe schon Rollstuhlfahrer auf Traghetti erlebt, aber jeweils nur einen; ich habe die Bootsleute schon einen zusammengeklappten Rollstuhl entgegennehmen und auf dem Traghetto aufklappen sehen, während ein Invalide am Arm seiner Frau auf das Boot hoppelte und dann auf dem Rollstuhl Platz nahm, den Hut auf dem Schoß und mit windzerzausten Haaren.

Die Traghetto-Männer sind zumeist höflich, aber auf Abstand bedacht, außer untereinander – da erweisen sie sich als herzlich, verläßlich und vergnügt. Sie sind nicht keß wie die Gondolieri, zumindest meiner Erfahrung nach. Sie ziehen es vor, nicht hilfsbereit zu sein. Manchmal sind sie es jedoch durchaus. Ich habe noch nie erlebt, daß einer auf dem Boot selbst eine Frau angesprochen hätte, aber in den Calli und in den Kneipen habe ich sie schon recht forsch erlebt. Sie erben das Anrecht auf den Traghetto-Betrieb. Sie wirken so unabhängig wie der Fährmann Charon oder wie Rancher in amerikanischen Western. Sie pausieren häufig, so daß sie zu siebt oder acht zwei Traghetti den Tag über ununterbrochen in Bewegung halten.

In einem Knäuel von Leuten, die darauf warteten, übergesetzt zu werden oder gerade aus einem Traghetto stiegen, schoben die Franzosen die Rollstühle – sie erwarteten also, selbstverständlich mitgenommen zu werden. Einer der jüngeren Traghetto-Männer winkte sie davon. Die Traghetto-Leute trinken von morgens an; sie vertragen es gut; doch in ihrer permanenten leichten Trunkenheit sind sie innerlich befreit. Sie sind von Wind und Sonne gegerbt, maßvoll müde und ein wenig betrunken.

Dem ältesten Traghetto-Mann, wahrscheinlich meines Alters, sah man die erschlichene, gezügelte Trunkenheit mehr an als den jüngeren. Er hastete zu den Franzosen hinüber, um sie aus dem Weg zu schaffen. Er verhielt sich taktvoll, geschickt, charmant, vertraulich. Eine der Begleitpersonen, eine Frau, stieß einen empörten, möwenartigen Schrei der Streitlust und des Tadels aus. Vorwurfsvoll erstarrten die Franzosen, die Hüter der engelhaften Krüppel, ob der Herzlosigkeit des Mannes. Er wies den Kanal abwärts, wo sich, zwanzig Meter entfernt (obwohl sie, um dort hinzukommen, erst landeinwärts und dann wieder in Richtung Kanal würden gehen müssen), eine Vaporetto-Landestelle befand. (An diesen Landestellen gibt es Rampen, und auf jedem Vaporetto gibt es in der Mitte eine freie Fläche, auf der man oft Leute in Rollstühlen sieht.) Während dieser Konfrontation erlaubte meine eigene physische Schwäche mir nicht, mich fortlaufend zu konzentrieren. Dazu kamen der Wind und die Distanz zwischen mir und den Franzosen. Die ewigen Kinder in den Rollstühlen waren in einer Brandung von Schenkeln und Unterleibern gefangen – ständig strebten Fußgänger auf die Boote zu und von ihnen fort. Daß es hier ein Problem gab, daß hier andere im Weg waren, nahmen die Italiener hin und schlängelten sich behende an ihnen vorbei.

Als die Franzosen die reale Situation erkannt hatten, reihten sie die Rollstühle an einem Geländer entlang des Uferstücks der Calle auf. Dieses Manöver führten sie mit großer Gewandtheit durch. Dort blieben sie dann und bildeten einen Wall, der den Durchgang für vielleicht zehn Minuten verengte, bis die Begleitpersonen auf einmal im Gänsemarsch, Rollstühle schiebend, landeinwärts zogen wie ein Kavallerie-Trupp und sich sehr geschwind von diesem submetaphysischen Winkel der nonuniversalen Stadt Venedig entfernten.

11.10 h

Als Stars, zu welchen wir draußen auf dem weiten Kanal im leicht explosiven Licht werden, wird uns die optimale Ausleuchtung zuteil, was jedoch eine blendende, sehr persönliche Erfahrung ist: die Sehkraft läßt nach. Die Augen weichen zurück unter die Brauen, hinter die Sonnenbrille und machen aus einem gewissermaßen einen Sonnenmenschen, einen Italiener.

Gespräche. Klatsch. Geplauder. In einem Boot. Wir erzählen unserem Freund Naumann von den Franzosen und den Rollstühlen. Wir sitzen vorne in einem Motoscafo, gleich hinter dem Bootsführer, und dringen in das exzentische, ausgedehnte Wasserlabyrinth der Stadt ein. Nun bilden wir ein Objekt der Betrachtung, ein Element des Bildes. Wir unterhalten uns und tuckern an dem herrlichen, mitgenommenen, unhomogenen Wust von Zierfenstern, Säulen, Steinen und Marmor-Ornamenten vorüber, und Venedig scheint nur noch aus seiner überdauernden Schönheit zu bestehen, nur ein Gebilde des äußeren Scheins ohne geheime Wirklichkeit zu sein … Natürlich birgt es noch Geheimnisse, doch die sind minderer Art. Ich kann mich an kein Gespräch in Venedig erinnern, dessen erstes Thema nicht Venedig gewesen wäre. Und, auf dieser Reise, an keines, bei dem es in den nächsten Äußerungen nicht darum gegangen wäre, daß ich Aids habe. Dann um Ellens Gesundheit und ihr inneres Befinden. Dann ... doch moderne Gespräche – selbst wenn sie in grellem Sonnenlicht brüllend geführt werden, damit sie den Lärm eines Motors übertönen, während der Bootsführer dabeisteht – besitzen eine seltsame Eigenschaft: Als stünden sie zwischen Klammern, sind sie dazu bestimmt, im Räderwerk eines biographischen oder sonst eines Versuchs der Wiedergabe unterzugehen.

In Berlin und Paris, in New York und Mailand werden Klatsch und Neuigkeiten allmorgendlich per Telefon und Fax übermittelt – eine Börse der realen Geschichten von allem und jedem. Und beim Abendessen, beim Lunch. In Gesprächen von Angesicht zu Angesicht wird der Austausch deutlicher zum Zeichen von Nähe, Vertrauen, einem gewissen Respekt.

Als öffentliche Verlautbarungen jedoch werden die Bemerkungen, die Stimmen anstößig. Naumann, Ellen und ich *reden*; wir bringen unsere wirklichen Ansichten, unser bestes Wissen ein – die wahre Geschichte meines Todes, wahre Geschichten über Venedig, New York, Berlin. Der beste Journalismus des vergangenen halben Jahrhunderts stand politisch links; was bedeutet, daß die menschliche Natur zu Beginn und am Ende jedes Artikels als unschuldig, als anständig dargestellt wurde. Ein Trugbild, eine fromme Lüge, diese Idee – eine Absage an die Realität, eine maßlose Herablassung uns selbst gegenüber. In ähnlicher Weise waren Romane einst Phantasiegebilde – wie Raumschiffe, die ganz selbstverständlich diese Welt verließen.

Unser Bootsführer erinnerte sich zunächst nicht an San Sebastiano, Veroneses Pfarrkirche, oder wußte nicht mehr, wo sie liegt, aber er akzeptierte die Beschreibung, die ich ihm in kurzatmigem Baby-Italienisch gab. Da fiel ihm die Kirche halb wieder ein. Fünfzehn Jahre lang hat Veronese in dieser kleinen Kirche gemalt. Er wurde sozusagen weise – eine alternde Melange von Kalt und Heiß. Aus dem strahlenden Sonnenlicht und dem unruhigen Wasser des Canal Grande bogen wir in den Schatten eines kleineren Kanals ein, der zum Canale della Giudecca führt. Ich fühle mich unwohl, und das macht mich unruhig, gereizt. Ich blicke auf und nehme die Leute dort auf den Fondamenta größer wahr, als sie sind, und als verkürzt, wie auf einer Freskodecke. Eine Gruppe junger Männer, allesamt formlos überdimensioniert – nicht trainiert wirkend, aber stark, struppig und laut, in enganliegender Kleidung – stapften breitschultrig daher, tranken, während sie sich vorwärtsschoben, und filmten einander mit einer Videokamera.

Fini-Leute, Faschisten, sagte der Bootsführer.

Wir fuhren hinaus in den Canale della Giudecca, und sie schrumpften hinter uns. Ich berichtete Naumann etwas, das man mir erzählt hatte: daß bei den Fußballspielen im hiesigen Stadion die billigere Stadionseite wegen der Krakeelereien gefährlich sei. Und wegen der Wut. Die heutigen italienischen Faschisten sind nicht ganz so klar *Neo*-Faschisten, wie sie behaupten; die italienischen Gesetze zwingen sie, jegliche Verbindung zu Mussolinis Lehre und Taten zu leugnen, doch Mussolinis Enkelin gehört der Parteispitze an. Nicht in die Calli hinaus, sondern im Stadion, in diesem nationalen Intimbereich, brüllen sie antisemitische Parolen und schwenken antisemitische Spruchbänder. Anscheinend kann man sich nur auf der teureren Stadionseite in Sicherheit ein Spiel ansehen – wie in England. Das Volk will Gewalt.

Von der Mitte des Canale della Giudecca aus sind in dunstiger Ferne am dicht bebauten Festlandufer Raffinerien und Fabrikschornsteine zu sehen. Die Industrieanlagen sind überholt und stellen unter ökonomischen Gesichtspunkten nicht mehr viel dar. Sie stellen Wählerstimmen dar, überzählige und unzufriedene Arbeiter. Der urbane Großraum erstreckt sich bis zur nördlichen Adriaküste und hinüber nach Triest. In der anderen Richtung reicht er über Padua bis nach Mantua. Triest, das Veneto, Venedig und die anderen genannten Regionen ergeben zusammen ein Ballungsgebiet wie dasjenige um die Bucht von San Francisco und entlang der Halbinsel.

Der Tag riecht nach Salz und Sonne und, für mich, nach Blut. Die Wächter der Kirchen und sonstigen Orte, die wir besuchten, gaben sich in unterschiedlichem Grade Ausländern gegenüber verführerisch oder launisch. Einer, gewöhnlich ein sehr stiller Mann – Ellen und ich begegnen ihm oft, wenn wir in Venedig sind –, platzte schier vor Zorn, weil jemand Coca-Cola auf einem Marmorboden der Kirche, *nella chiesa*, verschüttet hatte. Dies jedoch nicht in einer geweihten Kirche; in der Kapelle von San Giorgio degli Schiavoni – des heiligen Georgs der Slawen. Das Volk will Gewalt, und Venedig war immer eine rassistische Stadt.

20 h

Abendessen im Monaco, auf dem Terrassendeck, vor einem Himmel, den die untergehende Sonne mit schwefeltrüb gelben, schmutzig rosafarbenen und mauvegrauen Streifen durchzieht. Die beiden Kuppeln von Santa Maria della Salute lagen im Gegenlicht. Die Dogana schimmerte. Die Boote, die das Bacino überquerten, begannen, mit Scheinwerfern zu fahren. Jahr für Jahr nimmt die Vielfalt der Boote ab. Venedig wird schlichter, während es zum Museum seiner selbst altert. Doch daß der Stadt jemals wahre Schlichtheit zu eigen werden sollte, ist kaum wahrscheinlich. Venedig ist der Inbegriff des Elaborierten. Wie sehr ich mir doch wünschte, der Damm und die Bahnlinie würden durchbrochen oder abgetragen, Venedig abgeschnitten und die Lagune wieder zum Sumpf, die aufgeschütteten Kanäle der Stadt dem Wasser zurückgegeben, Venedig würde unbegehbar, isoliert, unpraktisch, ganz es selbst und ganz anders als die übrige Welt!

Am großen Tisch auf dem Terrassendeck sitzen Naumann, Ellen und Fritz Raddatz, ein Kritiker der *Zeit*, der sich in seiner Kolumne mit Bewunderung über meinen neuen Roman geäußert hat. In Berlin geboren, lebt er heute in Hamburg und ist nach Venedig gekommen, damit wir uns kennenlernen können. Er ist auf dem Weg nach Rom, wo er einen Vortrag und ein Seminar halten wird. Angela Praesent, meine deutsche Übersetzerin, die in Südfrankreich lebt, ist hier; Volker Hage vom *Spiegel*, eine Modellgestalt des ‹neuen Deutschlands›, ist hier. Die Venezianerin Francesca de Pol, die für das Consorzio Venezia Nuova arbeitet, ist hier.

Ich bin bei diesem Essen die Gestalt im Mittelpunkt, doch überall auf der Welt – sogar in Paris – verströmen Kritiker Herablassung Autoren gegenüber; dem Kritiker kommt es darauf an zu demonstrieren, wie meisterlich er im aktuellen Moment operiert. Er – oder sie – hat über eine Armee, über Phalangen von Lesern zu befehligen. Ein Schriftsteller dagegen ist allein, er (oder sie) ist ein Opfertier, ein Wahnsinniger und Narr. Oder ein Sterbender, oder betrunken. Manchmal ist die Herablassung in Spuren oder deutlich durch Bewunderung gemildert. Oder durch den Neid und die Wut, die solchen Beziehungen immanent sind. Oder durch Mitleid. Ein Schriftsteller jedoch verfügt über keine Legionen, keine Phalangen, nur über einen «Namen», einen Duft, einen Ruf.

Dem Tenor des Abends nach, bei dem mich Raddatz mit *cher maître* anredete – während sich das Licht um uns her wandelte, während zwischen Düsternis und Gleißen ein träges Spiel entfaltet und jäh weite Partien berühmter Panoramen ausgelöscht wurden –, feierten wir einen persönlichen Erfolg, einen, der noch kein öffentlicher war, es vielleicht nicht werden würde. (Die Bedeutung mancher Bücher erschließt sich erst mit der Zeit, zunächst führen sie eine unbehagliche Existenz als intellektuelle, politische und ökonomische Fakten. Natürlich kann man dies vermeiden; man kann anders schreiben.)

Raddatz ist ein Mann meines Alters von großer Energie: deutscher Energie, die sich von amerikanischer oder italienischer Vitalität unterscheidet – Böhm im Gegensatz zu Bernstein oder Giulini. Ich bin niemals voll Energie oder Tatkraft gewesen – stark war ich zwar einmal, jedoch nie abenteuerlustig oder flink. Auf einem Stuhl auf einem Terrassendeck zu sitzen – das ist meine Art von Abenteuer.

Gleichwohl ließe sich sagen, daß an dem Tisch dort, unter den anwesenden Frauen und Männern, einschließlich des Oberkellners, der alles im Auge behielt und zugleich sehr präsent war, blind aufwallende Machtimpulse die Motive durcheinanderbrachten; der Ruf von diesem oder jenem, mutmaßliche Ereignisse, künftige Ereignisse erbebten befremdlich und schlugen kleine Wellen wie die bewegte, dunkler werdende Wasserfläche zu unseren Füßen. Machtfragen, die Vermengung von Kulturen, Geschlechtern und persönlichen Geschichten wurden taktvoll zu meinen Gunsten umgestaltet – vielleicht aus Mitleid, vielleicht aus Respekt.

*Wahrheit* erwartet man freilich kaum noch, bei nichts, und Venedig ist ohnehin eine Stadt, in der die Wahrheit stets von Imagination getönt war, von machtvoller, verkäuflicher Berauschung – wie menschlich! Somit ist diese Stadt ein Monument der realisierten Phantasie, unverschämt malerisch und von einer auf Autosuggestion beruhenden Festlichkeit.

Ich werde weder versuchen, die Stimmen auf dem Terrassendeck wiederzugeben noch über die Gespräche oder die Stimmungen zu urteilen.

Es wurde dunkler, und jenseits der flimmernden Wasserfläche erblühten die Lichter an der Fassade von Palladios Kirche Il Redentore. Diese Palladio-Fassade besitzt eine ästhetische Qualität, die unvenezianisch ist, eine wie endgültige, versonnene Reglosigkeit. Sie wurde zum Dank erbaut, als eine Epidemie geendet hatte. Zugleich zeugt sie vom Kapitalismus der Überlebenden: die Fassade hat etwas von einem Grabmal für Ungemach und Böses, für Niedergang und Tod, die sich nicht länger ereignen werden ...

Ich kann mich nicht erinnern, je gewünscht zu haben, Leben und Tod hätten einen wahrnehmbaren, bekannten, allumfassenden Sinn. Als Kind wünschte ich mir nur Leben, noch ein wenig mehr Leben, oder sehr viel mehr. In den ersten Qualen der Adoleszenz wünschte ich mir etwas weniger Leben – daß es mich mit seinen Gefahren in Frieden ließe. Vom Atmen nehme ich stets an, daß es laut ist und eine Art von Vernunft oder Sinn enthält, wie das Stoßgebet *Laß mir doch Luft zum Atmen.* Vom Geist nehme ich an, daß er rebellisch ist und sich aus Unterbrechungen und Forderungen nach idealen, heimlichen Höhenflügen zusammensetzt; es ist gefährlich, einen Geist zu lieben, sogar den eigenen. Von Kind an habe ich das Transitorische an allem akzeptiert, einschließlich des Sinns – Waisenkind, das ich war. Daß Bedeutungen in

Erscheinung traten und verschwanden, war ich gewohnt, und dies hat sich durch die Krankheit nicht geändert. Der Tod ist von transitorischer, von wechselnder Bedeutung für mich. Auch wie ich ihn empfinde, wechselt – die Bilder dafür, der Schock, der durch die Nerven fährt, die Furcht (oder die Panik) hinter dem Brustbein. Ich neige dazu, mit mir umzugehen, als wäre ich ein nervöser Hund, ein Schnauzer vielleicht. *Ist schon gut*, sage ich zu mir, um ihn zu beruhigen. Manchmal kommt es mir so vor, als tuschelten mein Blut, meine Knochen, meine Nerven, mein Geist, mein Herz miteinander, jedoch nicht mit mir: ich fühle mich wie der in Auflösung begriffene Vater der vorhandenen Teile meiner selbst. Ich würde gern eine kleine *chiesa* in Venedig stiften, die da hieße die Kirche des Heiligen Todes und des gelassenen Abschieds vom wahren Sinn.

Irgendwann kurbelten die Kellner eine braun-weiß gestreifte Markise über uns, so daß wir in einem Raum mit Segeltuchhimmel am Rande des Wassers saßen. Manche Arten von Extravaganz, wie auch manche Arten von egoistischer Beharrlichkeit, haben etwas Ernstes in sich, ein verborgenes Gerippe von Gnade – obwohl ich dies im Grunde nicht verstehe.

Um halb elf war ich erschöpft, und zu müde, um ein Motoscafo zu nehmen, stieg ich mit Ellen in ein Vaporetto. Wir betraten seinen erleuchteten Kubus. Das Vaporetto, in der Dunkelheit von einer schmalen Zone hellen Wassers umgeben, bot die beiläufige Kameraderie eines öffentlichen Verkehrsmittels bei Nacht. Es tuckerte den Canalazzo hinauf. Ich lehnte mich an Ellen, die meinen Körper stützte, während wir an den dunklen oder erleuchteten Fassaden der Palazzi am Canal Grande vorüberfuhren.

*(Die Geschichte meines Todes)*

# NACHWORT

Die Oberflächen der Welt zu verlassen», hieß es in einer der frühen Manuskriptfassungen von *Profane Freundschaft*, «von realen Calli und Fondamente fort in die Oriente und Venedigs und Meere im eigenen Kopf zu gehen, ist das Abenteuer eines alten Mannes.» Ein Satz des damals gerade erst zweiundsechzigjährigen Autors, in dem er eben den Vergeistungsprozeß abbildete, der den Roman von Fassung zu Fassung zusehends diaphaner, ätherischer wirken ließ. Aphoristische Passagen und betörende Bildsequenzen, in denen eben noch ein real erscheinendes Venedig aufgeleuchtet hatte, drohten mit jeder folgenden Version mehr im Lagunendunst zu verschwinden – so jedenfalls kam es 1992/93 denen vor, die als Harold Brodkeys Freunde, Verleger, Übersetzer das Entstehen und die Wandlungen des Werks miterlebten. Altmodisch gesagt: Mit zunehmender Spiritualisierung schien das Manuskript an Anschaulichkeit einzubüßen.

Hieraus entstand die Idee zu dem vorliegenden Buch: aus sanftem Widerstand gegen den nach einem mysteriösen inneren Plan unentwegt umschreibenden, streichenden, erweiternden Autor. Falls Brodkey der Gesamtkomposition des Romans längere Venedig-Passagen opferte, dann wollte man diese wenigstens separat bewahrt und gerettet wissen – neben dem Roman. In einem Band für sich würde man alles vereinen, was der Autor je zu Venedig geschrieben hatte, auch die viel früher entstandenen, auch die in der Endfassung gestrichenen oder auf Spuren komprimierten Texte, die für andere Podien verfaßten Skizzen. Ein Projekt, dem nicht so sehr philologischer Eifer als eine Form von Verlustangst zugrunde lag: als gälte es, Harold Brodkey doch *zumindest auch* in der handgreiflichen Welt festzuhalten, an deren Oberfläche.

Nun, da sowohl *Profane Freundschaft* als auch *Venedig* vorliegen, tut sich ein erstaunlich verändertes Stadtpanorama vor dem Leser auf, obwohl der Autor, wie sich nun zeigt, kaum einen in den Manuskripten angelegten Gedanken wirklich geopfert hat; fast jeden hat er in die englische Druckfassung des Romans an neuer Stelle eingeschmolzen oder wenigstens gestreift. Doch das Mosaik der Venedig-Passagen gibt nun Muster preis, die in *Profane Freundschaft* nur zu ahnen waren. Wie mittels eines Zooms werden Brodkeys Poetik, sein eigenartig synthetisches und synästhetisches Denken – oder Schauen – deutlich; die schwindelerregende Fähigkeit dieses Autors, ohne Essenzverlust zwischen Wirklichkeits- und Wahrnehmungsebenen zu wechseln, welche die meisten – westlichen – Menschen ängstlich voneinander trennen (wenn ihr Bewußtsein überhaupt annähernd so viele Ebenen umfaßt).

Brodkeys Venedig ist von Anfang an ein geistiges, ein metaphorisches gewesen. In seinen Augen – ließ er in *Profane Freundschaft* einen weiteren Erzähler sagen – sei

Venedig «etwas Subtrahiertes, ein Packen Negationen – das heiße, nicht düster, nicht strikt, nicht-alles-mögliche ... Und alles zusammen ergebe Glück, oder so etwas Ähnliches.» Dieses aus endlosen Negationen erstellte, dennoch nie versinkende Venedig ist die ideale Projektionsfläche für Brodkeys dämonische, Zeit-gepeitschte Psycho-Logik. Mehr als an die konkrete, museale Inselstadt gemahnt es an die imaginären räumlichen Pläne, die im Geiste zu entwerfen und als Erinnerungsstütze sich einzuprägen antike Rhetorik-Lehrer jedem empfahlen, der einen komplexen Sachverhalt in langer, freier Rede zu entfalten hatte. Nur daß Brodkeys mnemotechnischem Stadtsystem auch die vierte, die zeitliche Dimension eingeschrieben ist: «Ganz Venedig ist im Lauf meines Lebens verblichen und wurde Stein um Stein neu erbaut. Anhand der Farben der Mauern in meinen Erinnerungen kann ich mein Leben datieren und die Jahre bestimmen, in denen ich diese oder jene Gefühle hatte ...»

Mit jeder sinnlichen Wahrnehmung, jeder scheinbar konkreten sozialen oder visuellen Beobachtung, die Brodkey festhielt, deutete er zugleich auf ein (denkbares) abstraktes Urteil hin, auf eine Weltsicht; oft funkeln Fragmente eines politisch-philosophischen Pamphlets auf, das als kohärentes Gebilde zu fixieren oder zu rekonstruieren Literaturwissenschaftler sich noch jahrzehntelang abmühen werden. Brodkeys beiläufigstes Wort zu Venedig war stets auch (und oft: vor allem) eines zu – wechselnden – Nicht-Venedigs: zu Rom; zum katholischen, zum faschistischen Italien; zu den Vereinigten Staaten; zum Puritanismus; zum Sozialismus; zu diversen absolutistischen Lehren; zu einer unvenezianischen Tragik oder Erotik oder Metaphysik oder Ästhetik («... das Ateneo, das soviel anmutiger war, bevor es restauriert wurde ... nun grellweiß, skandinavisch ... Die Skandinavier vor allem haben es gerettet»). Brodkey suchte eine Erscheinung, eine Stadt (und ebenso: eine Person, eine Klasse) an dem zu begreifen, was sie *nicht* ist, nicht *mehr* ist – so das «wahrere» Ateneo an dem von skandinavischen Restauratoren erzeugten, und angesichts von beidem sich selbst. Er spielte eine Sache gegen eine andere aus, auch da, wo er diese andere nicht bezeichnete.

Nun mag man sich damit beruhigen – der Autor selbst tat dies gelegentlich in seinem Werk –, daß alles menschliche Gestaltwahrnehmen und Grenzen-Bestimmen auf Kontrast, auf dem Vergleich von Vorder- und Hintergrund beruht. Brodkey jedoch wechselte so rasch, oft so manisch, den Bezugsrahmen (vom historischen etwa zum ontologischen zum geopolitischen zum ideologischen zum biographischen), montierte dabei mehrere Bezugsrahmen hauchfein verschoben und untrennbar übereinander, daß einem bei aller Faszination angst werden kann. Nichts steht hier auch nur einen Augenblick lang fest, am wenigsten, von welcher Schicht Venedigs die Rede ist – «Keine Stadt der Martyrologien, außer vielleicht in Form sadomasochistischen Genusses ... im Gegensatz zu Rom ist hier alles leicht ... (die Bautechniken wegen des Schlicks, der den Grund bildet)».

Brodkeys strömendes Denken, seine changierende

Prosa vollzogen «die Bewegungen des Wassers, die Verschiebungen auf der Kugel, während die Erde durch den Raum wirbelt», nach. Positionsgewißheit und solide Orientierung lassen sie nicht zu. Was eben noch wie ein rauschendes Kompliment für einen Ort (einen Charakter) und implizit vernichtend für einen anderen (für alle anderen?) wirkte, kann sich im nächsten Moment verkehren, zur vergifteten Waffe werden – die den Leser treffen könnte, der vielleicht gerade erst lautlos applaudiert, sich unwillkürlich mit diesem oder jenem, von einer Brodkeyschen Satzwoge emporgehobenen Phänomen identifiziert hat. «Als ehrgeiziger Soldat und Feldherr hatte man anderswohin zu gehen, um militärischen Ruhm zu erringen, und man brachte die Neuigkeiten von dort mit hierher, in den Rialto, wo [*erste Umkehrung:*] die Hiesigen Geld daraus schlagen konnten.» Dann: «Die [*zweite Umkehrung:*] kurzbeinigen Großadmirale waren reich und [*dritte Umkehrung:*] skrupellos ...» Somit appellieren Brodkeys stilbildende Denkfiguren, Brodkeys Venedig bei jedem, der sich ihnen aussetzt, in vorhersehbarem Wechsel an Megalomanie und Vernichtungsängste. Man kann diese Erkenntnismethode intrigant, wahnnah, sogar diabolisch nennen; nur, daß sie fruchtlos wäre, wird man nicht behaupten.

Das mnemotechnische Venedig. Das aus Negationen konstituierte Venedig. Das auf Schlick erbaute Traum- und Rausch-Venedig und das vernünftige, kalkulierende Venedig. Ein wahrhaft flirrender Stapel literarischer Venedig-Folien.

Und doch ist diese Stadt, die offenbar Milliarden von Blicken und Deutungen aushält, neben der Mississippi-Landschaft der Kindheit im amerikanischen Mittelwesten die einzige Szenerie, die Brodkey je als überzeugendes Trugbild heraufbeschworen hat; ein relativ konkreter Weltausschnitt. Dagegen ist sein New York (der Ort von manchen Stories und einigen Partien des Romans *Die flüchtige Seele*) ein topographisch vorausgesetzter Raum, dem allein das Flackern und Knistern der Ambitionen und Machtimpulse seiner triebhaft rivalisierenden Bewohner Wirklichkeit verleiht.

«Lassen Sie mich zunächst bemerken, daß Venedig, die venezianische Erotik und Kultur den Reiz einer Sicherheit haben, die Jahrhunderte hindurch ununterbrochen bestanden hat; für individuelle Extravaganz ist dort Raum.» Anderswo – in New York vor allem – ist keine Sicherheit, ist für individuelle Extravaganz kein Raum.

Als Harold Brodkey im Frühling 1992 auf Einladung des Consorzio Venezia Nuova nach Venedig kam, erstmals in seinem Leben zu einem längeren Arbeitsaufenthalt im Ausland, lag die amerikanische Publikation des Romans *Die flüchtige Seele*, an dem er dreißig Jahre geschrieben hatte, noch nicht lange zurück; der große Erfolg, vor allem aber das Verständnis der Kritik für die literarischen Innovationen dieses gewaltigen Unternehmens waren ausgeblieben, während gebildete Leser in Europa dem Autor aufgrund der bereits übersetzten Story-Bände Hochachtung und große Aufmerksamkeit entgegenbrachten.

Der enttäuschte amerikanische Schriftsteller begann sich als europäischer Autor zu empfinden. Umgehend fing er an, diese Rolle des privilegierten Außenseiters (ihre unendlichen Möglichkeiten des subtilen Zitats, der souveränen Rache) zu gestalten. In Venedig, das doch «nie eine Stadt der Literatur» gewesen war, weil es «die nötige Einsamkeit nicht bieten» konnte, fing Brodkey an zu schreiben, rasch und viel.

Die noble Kulturinstitution Consorzio Venezia Nuova erwartet von ihrem Gast-Autor des Jahres nicht mehr als einen eleganten, vom Phänomen Venedig inspirierten Essay, eine knappe Verbeugung vor den patrizischen Mäzenen, wie sie Brodkeys Vorgänger (der Dichter Iosif Brodskij und die Kulturhistoriker André Chastel und Giuseppe Sinopoli) geboten hatten.

Ausgerechnet auf diese kaum nennenswerte essayistische Verpflichtung reagierte Harold Brodkey ironischerweise – nachdem sein Hauptwerk in den USA auf kühles Unverständnis gestoßen war – mit einem Schwall von Imagination. Bei schwindender Gesundheit schrieb er in etwa zehn Monaten einen Roman von über vierhundert Seiten (in der ersten gedruckten, fast simultan ins Italienische mitübersetzten und vom Consorzio Venezia Nuova noch 1992 als Privatdruck publizierten Fassung). Später bemerkte Brodkey hierzu in einem langen Bericht für die Zeitschrift *The New Yorker* (publiziert im Februar 1994): «Ich hatte innerhalb eines Jahres einen Roman geschrieben, einen *Roman*, der mir gefiel, auf den ich stolz war; daß eine solche Schufterei mich umbringen konnte, hatte ich erwartet. Während dieses Jahres bewegte ich mich langsam, ermüdete leicht und neigte zu Schwindelanfällen ... Und ich war über meine Kräfte davon strapaziert, wie unterschiedlich ich in den verschiedenen Ländern angesehen und behandelt wurde – großer Künstler hier, Narr dort, erstrangiger Autor, zweitrangiger Hochstapler, Bösewicht, Virtuose, Knallkopf, Held. Ich glaube, es war so, daß die Zukunft für mich verschwunden, zu einer dämpfenden, wattierten Wand geworden war.»

Die ersten Essay-Ideen, um die sich der Roman kristallisiert und die er schließlich absorbiert hat, sind in dieser Sammlung leicht aufzuspüren: eine denkbare Entgegnung auf den viktorianischen Kunsthistoriker und Venedig-Kenner Ruskin; eine Konfrontation mit Henry James' Venedig-Bild («schmutzige, kostspielige Lustbarkeiten, darunter einen kurzen, morbiden Wettbewerb mit James und Ruskin, den man nicht gewinnen kann»); ein Versuch über die Auswirkungen von Venedigs ökonomisch-politisch-religiöser Sonderstellung auf die Mentalitätsgeschichte der Stadt: neuerliche Überlegungen zum Wunder der Zeit, eines der Themen, die Brodkeys gesamtes Werk durchziehen.

Venedig, «die menschlichste aller Städte», zähle nicht zu den kanonisierten Städten wie Paris oder London, bemerkt Brodkey; und entsprechend habe man sich in Venedig stets die Freiheit genommen, keinen Kanon irgendeiner Art zu achten, was der lokalen Phantasie sehr förderlich gewesen sei. Dieser Gedanke, so bizarr er zunächst erscheinen mag, könnte den Schlüssel zu dem wundersamen Übertragungsvorgang bergen, der die hier gesammelten Texte unterschwellig verbindet. Als Brodkey sie schrieb, hatte man ihm selbst einen Platz im Kanon der amerikanischen Literatur (vorerst) versagt. Und während er, in seiner eigenen Kultur unterbewertet und bis dahin als autobiographischer, nicht als fabulierender Autor betrachtet, in Venedig seinen fiktiven Erzähler Niles O'Hara venezianische Memoiren niederschreiben ließ, adoptierte Brodkey die Stadt der Negationen als seine geistige Heimat. Das neue Venedig goutierte die melancholische Überhöhung sehr.

Noch verblüffender, Harold Brodkey identifizierte sich mit einem kompletten tausendjährigen Stadtstaat. Manche Notizen sind ebenso als Skizze der venezianischen Geschichte wie als momentanes Selbstporträt des *poet in residence* zu verstehen: «Attackiert – angegriffen, angefallen, beleidigt, herausgegriffen, verunglimpft, gleichsam erniedrigt, in gewissem Maße geschlagen – umgeben von Politikern und Bestechlichen und Bestechern, von den wütenden Wichten, den Mörderischen und den Raunern, den übelgesinnten Analphabeten, den barbarischen Unbegabten.» In Venedig, wo «ein Happy-End» unamerikanisch-vernünftig im «Vermeiden des Bankrotts, der Tragödie» besteht; Venedig als Maske nehmend; *an* Venedig beschrieb sich Brodkey selbst – *und* den gegenwärtigen Zustand dessen, was für ihn Literatur war: als ein ökonomisch obsoletes, phantastisch-pragmatisches Wunderwerk, historisch abseits des Mainstream.

Venedig als «State of mind», als Ahnung davon, was aus uralten westlichen Zerrissenheiten würde, wären sie versöhnt: als imaginärer Ort, an dem man geschichtsbewußt im Hier-und-Jetzt leben könnte, lüstern und werkbezogen, als Bourgeois und Bohemien, Patrizier und Außenseiter, demokratisch und elitär, bei sich und außer sich, vernünftig und verrückt, in riskanter Sicherheit, realistisch-fernsehnsüchtig und lokalzentriert-idealistisch. All dies und vieles mehr, ohne daß man sich eines der traditionellen dialektischen oder frommen Taschenspielertricks bedienen müßte!

Für solche Sehnsüchte mag das Problem der Quadratur des Kreises ein früher, platter Ausdruck gewesen sein; Brodkeys Venedig ist ihr Schnittpunkt, ihre Metropole. Dort, schrieb Brodkey 1994 (riskierend, von dumpfen Literaturhistorikern einmal zu den spätfrommen Autoren gezählt zu werden), würde er gern «eine kleine *chiesa*» stiften, «die da hieße die Kirche des Heiligen Todes und des gelassenen Abschieds vom wahren Sinn».

Gewitztere Leser werden Venedig eher als Brodkeys «State of mind» in Erinnerung behalten, als Ort, der in einer radikalen Vision des Autors endlich selbst zu einem archaischen Nicht-Venedig wurde: «Venedig ist der Inbegriff des Elaborierten. Wie sehr ich mir doch wünschte, der Damm und die Bahnlinie würden durchbrochen oder abgetragen, Venedig abgeschnitten und die Lagune wieder zum Sumpf, die aufgeschütteten Kanäle der Stadt dem Wasser zurückgegeben, Venedig würde unbegehbar, isoliert, unpraktisch, ganz es selbst und ganz anders als die übrige Welt!»

Zumal über die Freilegung mancher – von den Faschisten – aufgeschütteten Kanäle hätte Harold Brodkey gern noch ein bißchen mehr geschrieben; in jedem Fall lag ihm daran, daß jenes freischwebende, sich selbst zurückgegebene Venedig oder Nicht-Venedig noch einmal deutlich vor den Augen des Lesers dieses Bands erscheint. Und sei es nur, weil es eine hübsche intellektuelle Herausforderung darstellt, von all den anderen Venedigs, die in der Literatur und in unseren Köpfen bereits existieren, dorthin zu gelangen – ohne dialektische Kunstgriffe, und ohne bei der kleinen *chiesa* vorbeizuschauen.

*Angela Praesent*
*Cotignac, November 1995*

Die Fotos wurden mit freundlicher Genehmigung
von Autor und Verlag dem bei Biblos, Cittadella, Italien
erschienenen Buch «Venezia. Il tempo e la memoria»
von Giuseppe Bruno entnommen.
Umschlag- und Einbandgestaltung Nina Rothfos
Fotorecherche: Bildschön / Hamburg
Satz aus der Baskerville (Linotronic 500)
Gesamtherstellung Clausen & Bosse, Leck